Weiterführend empfehlen wir:

Management in sozialen Organisationen
ISBN 978-3-8029-7443-4

Haftung und Versicherung von Managern
ISBN 978-3-8029-1546-8

Modernes Sozialmarketing
ISBN 978-3-8029-7432-8

Praxis-Handbuch Öffentlichkeitsarbeit
ISBN 978-3-8029-7468-8

Die besten Stiftungszwecke
ISBN 978-3-8029-7476-2

Balanced Scorecard für Soziale Organisationen
ISBN 978-3-8029-7474-8

Weitere Titel unter www.WALHALLA.de

Barbara Crole

Profi-Handbuch Fundraising

Direct Mail: Spenden erfolgreich akquirieren

Für soziale und kulturelle Projekte

WALHALLA FACHVERLAG

Bibliografische Information Der Deutschen Bibliothek
Die Deutsche Bibliothek verzeichnet diese Publikation in der Deutschen Nationalbibliografie; detaillierte bibliografische Daten sind im Internet über http://dnb.ddb.de abrufbar.

Zitiervorschlag:
Barbara Crole, Profi-Handbuch Fundraising
Walhalla Fachverlag, Regensburg, Berlin 2007

Produktion: Walhalla Fachverlag, 93042 Regensburg
Umschlaggestaltung: grubergrafik, Augsburg
Druck und Bindung: Westermann Druck Zwickau GmbH
Printed in Germany
ISBN 978-3-8029-7420-5

Nutzen Sie das Inhaltsmenü:
Die Schnellübersicht führt Sie zu Ihrem Thema.
Die Kapitelüberschriften führen Sie zur Lösung.

Schnellübersicht

Mittelbeschaffung – Sofortmaßnahmen und nachhaltige Aktionen 7

1 Fundraising: Tipps und Strategien . . 9

2 Bei externen Beratern Hilfe suchen? 19

3 Der Spender 27

4 Erfolgreiche Mailings 41

5 Mailings – wann und wie oft? 55

6 Was kosten Mailings? 63

7 Welche Faktoren beeinflussen das Spendenverhalten? 69

Schnellübersicht

8 Der Zyklus eines Spender-Lebens 77

9 Spender langfristig binden 83

10 Die Spenden-Einnahmen erhöhen 89

11 Fundraising per Telefon 111

12 Direct Dialog – Persönliche Gespräche 119

13 Häufig auftretende Probleme .. 131

14 Auswertung des Mailings 139

Die Zukunft des Fundraisings 150

Fachbegriffe 152

Literaturhinweise 155

Die Autoren 157

Findex 159

Mittelbeschaffung – Sofortmaßnahmen und nachhaltige Aktionen

Die Vorschläge und Ideen in diesem Buch sind die Summe meiner Erfahrungen und einer Leidenschaft: So viel Geld wie möglich zu beschaffen und dafür so wenig Geld wie möglich auszugeben, damit karitative Organisationen – ohne die Menschen in Not in unserem Land und im Ausland allein gelassen wären – etwas bewirken können.

Wenn Sie die gleiche Leidenschaft besitzen und sich mit dem Spenden-Sammeln für eine Non-Profit-Organisation beschäftigen – Sie also Fundraiser sind –, dann kann Ihnen dieses Buch bei Ihrer Arbeit helfen.

Meine Vorschläge sind das Ergebnis von Marktforschung, Tests, Kenntnis des Marktes und der Spender. Doch Vorsicht: Auch wenn Sie die Regeln in diesem Buch sorgfältig befolgen, muss der Erfolg nicht garantiert sein, jedoch verringern Sie das Risiko eines Misserfolges erheblich.

Vielleicht kommen Ihnen viele Details in diesem Buch zunächst unverständlich vor, weil Sie gerade anfangen, sich mit diesem Thema zu beschäftigen. Mit zunehmender Erfahrung werden es jedoch gerade diese Details sein, die für Sie wertvoll werden, denn sie basieren auf meiner jahrzehntelangen Tätigkeit in dieser Branche. Auch der Profi wird noch den einen oder anderen hilfreichen Tipp finden.

Ich wünsche Ihnen viel Erfolg für Ihre Fundraising-Aktivitäten.

Barbara Crole

Aus Gründen der Einfachheit und besseren Lesbarkeit wurde jeweils die männliche Berufsbezeichnung verwendet. Die großartige Leistung der Frauen auf diesem Gebiet sollte dadurch in keinster Weise geschmälert werden.

Fundraising: Tipps und Strategien

1

Was ist „Fundraising"? 10

Acht Strategien, die Geld bringen 11

Lernen aus den Erfahrungen anderer . . 12

Kultur und Fundraising 13

Sechs Grundbedingungen für den Start 16

Was ist „Fundraising"?

Mittelbeschaffung oder Spendensammeln sind nur unzureichende deutsche Begriffe für den englischen Begriff „Fundraising".

„Fundraising" ist die Summe aller Anstrengungen, Geld zu beschaffen. In diesem Buch werden wir das Hauptgewicht auf das Fundraising bei Privatleuten legen. In diesem Bereich gibt es immer noch einen Wachstumsmarkt und trotz der Unkenrufe vieler Spezialisten bin ich der Überzeugung, dass Private in den deutschsprachigen Ländern bereit sein werden, den kulturellen und sozialen Sektor verstärkt zu unterstützen, wenn der Staat seine Mittel kürzt.

Aber: Fundraising heißt, um Unterstützung zu bitten, nicht, sie einzufordern. Auch wenn viele dies bedauern: Es gibt aber kein Recht auf private Unterstützung – es gibt nur die Dankbarkeit für das große Herz der Gebenden, sei es für soziale oder kulturelle Anliegen.

Das wichtigste Instrument für die Spendenbeschaffung bei Privatleuten ist immer noch das Versenden von Briefen oder Direct Mail. Direct Mail ist der schriftliche und gezielte, das heißt persönlich adressierte Versand einer Spendenbitte. Entscheidend ist dabei die direkte Ansprache. Weitere Medien werden flankierend eingesetzt, um die Wirksamkeit zu erhöhen.

Direct Mail-Fundraising ist jedoch mehr als der einfache Versand von Briefen: Es ist die Summe aller Geldbeschaffungsmaßnahmen für eine Non-Profit-Organisation, die auf dem brieflichen Kontakt basieren.

Kritiker sagen, Direct Mail sei eine teure Methode, Geld zu sammeln. Das stimmt, aber nur im Anfangsstadium. Aber: Nur weil es so lohnend ist, setzen so viele Organisationen Direct Mail ein.

Erfolgreiches Fundraising fällt nicht vom Himmel. Man benötigt Anfangskapital, Intelligenz und Beharrlichkeit, um möglichst viel Geld zu sammeln und dafür möglichst wenig auszugeben. Für eine Organisation bedeutet dies budgetierbare Einnahmen und Ausgaben – regelmäßig, jedes Jahr!

Direct Mail ist eine Methode des Fundraisings, welche eindeutige Ergebnisse liefert: Der Kontostand gibt Auskunft über Erfolg oder Misserfolg. Fundraising mit Direct Mail erlaubt, verschiedene Techniken zu vergleichen und Resultate aufgrund von Erfahrungswerten im Voraus zu berechnen.

Darüber hinaus bietet Direct Mail-Fundraising noch viel mehr: Es schafft Bindung, es schafft Emotionen und Aufmerksamkeit für Ihr Anliegen, es bringt Ihnen Freiwillige, und das alles zusätzlich zu den Spenden.

Jedes Mailing ist zugleich eine Mini-Marktforschung:

- Wie ist Ihre Organisation auf dem Markt positioniert?
- Stehen Ihre Spender hinter Ihnen und unterstützen Ihre Ziele?

Die Spenden und Reaktionen auf Ihren Brief geben Antwort, kosten aber nichts – im Gegenteil: Sie bringen etwas ein.

Überlebenswichtig: die Nähe zu den Spendern

Wenn Sie keinen direkten Kontakt zu den Spendern haben – dem Teil der Bevölkerung, der Ihr Anliegen so gut und wertvoll findet, dass er ins Portemonnaie greift und Ihnen dafür Geld gibt –, dann haben Sie bald Ihre Daseinsberechtigung verloren. Nur wenn Ihre Organisation von einem Teil der Bevölkerung getragen wird, können Sie effektive Arbeit für die Anliegen oder die Menschen leisten, die Ihre Arbeit brauchen.

Acht Strategien, die Geld bringen

Es gibt einige Erfahrungswerte und Prinzipien, die Sie bei Ihrer Arbeit unbedingt beachten sollten. Sie sind so grundlegend, dass sie für alle gemeinnützigen Organisationen gelten.

Natürlich unterscheiden sich Organisationen in ihrem Anliegen und ihrem Aufbau. So sind natürlich Tierschutz, Hilfe für hungernde Menschen und ein Museumsbetrieb nicht miteinander zu vergleichen.

Es ist die Aufgabe des Fundraisers herauszufinden, was für Ihre Organisation richtig und erfolgreich ist und wie die einzelnen Strategien eingesetzt werden müssen, damit Ihre Organisation spezifisch und unverwechselbar wird.

Acht Erfolgsstrategien

1. Bitten Sie explizit und offen um Geld und/oder Hilfe.
2. Befolgen Sie die „Erfolgsstrategien", aber seien Sie kreativ im Detail und in der Gestaltung.

3. Pflegen Sie jeden Spender wie einen lieben Freund. Ohne sein Geld kann Ihre Organisation nicht überleben.
4. Identifizieren Sie die besten Spender und bitten Sie diese um höhere Beträge.
5. Wenn Sie dringend Geld brauchen: Bitten Sie die Spender, die Ihnen schon viel und öfter gegeben haben. Vernachlässigen Sie Kleinspender nicht. Großspender sind der Traum – aber viele kleine Spenden sind meistens die Realität besonders beim Aufbau des Fundraisings.
6. Machen Sie das Wichtige zuerst, das Dringende später – mit anderen Worten: Planung hat Vorrang, denn nur durch sie wird das langfristige finanzielle Überleben gewährleistet.
7. Werten Sie jede Aktion im Detail aus. Lernen Sie Ihre Erfolge und Misserfolge auswendig. Entwickeln Sie das „Gespür", das den wirklich erfolgreichen Fundraiser auszeichnet.
8. Herz vor Kopf – Emotion vor Intellekt! Dies ist das wichtigste Erfolgsrezept. Das Herz muss allerdings wissen, dass es nicht kopflos handeln darf.

Lernen aus den Erfahrungen anderer

Sie können als Anfänger viel von anderen lernen und profitieren. Gleichzeitig gilt für Sie die Maxime von La Rochefoucauld:

„Man gibt Ratschläge, aber die Ausführung bringt man keinem bei."

Umso mehr gilt: Lernen Sie von anderen Organisationen, was sich bewährt hat. Nur Nicht-Profis meinen, sie müssten „anders" Spenden beschaffen, um sich von der Masse abzuheben. Die Gefahr ist groß, dass Sie damit Schiffbruch erleiden.

Konkurrenz-Analyse

Es gibt keinen besseren Rat, als die Aktionen anderer Organisationen zu beobachten. Viele erfahrene Fundraiser machen es so, und ich halte es nicht anders: Ich spende auf alle Spenden-Aufrufe, die mir ins Haus flattern. Jedes Mailing, das bei mir eintrifft, wird mit dem Ankunftsdatum versehen, sorgfältig studiert und in chronologischer Reihenfolge abgelegt.

Habe ich Zeit, nehme ich mir die Spenden-Aufrufe eines Jahres vor: Ich lege alle Mailings einer „Konkurrenz-Organisation" zusammen und vergleiche sie mit dem Vorjahr:

- Was hat sich verändert?
- Was ist gleich geblieben?
- Gab es mehr oder weniger Mailings?

Und vor allem:

Gibt es neue Zahlungsmethoden? Neue Produkte? Neue Grafiken?

Mit Hilfe dieses Vergleichs sammle ich äußerst nützliche Erfahrungen, die mich nicht mehr als einige Jahresbeiträge kosten.

Erfahrungsaustausch mit Kollegen

Ich nutze jede Gelegenheit, um mit Kollegen Erfahrungen auszutauschen. Ich bin (so hoffe ich wenigstens) offen und freigebig mit meinen Erfahrungen, denn ich bin der Meinung, dass gutes Fundraising allen dient und schlechtes die ganze Branche in Verruf bringt.

Fundraiser-Treffen

Erkundigen Sie sich, ob es in Ihrer Nähe Erfahrungstreffen von Fundraisern gibt. Schließen Sie sich der Fachvereinigung für Fundraiser an. Gehen Sie beispielsweise auf Tagungen und Seminare, auf denen Sie praktische Informationen erhalten.

Wichtig: Es gibt gute Gründe, warum so viele Organisationen das Gleiche zur gleichen Zeit tun: Es funktioniert und bringt Geld.

Aber: Über den Erfolg Ihres Fundraisings entscheidet einzig und allein der Spender! Nicht Sie, nicht der Direktor oder Geschäftsführer, nicht die Kollegen, sondern nur derjenige, der sein Portemonnaie öffnet und Ihr Vorhaben unterstützt, ist der Gradmesser für den Erfolg.

Kultur und Fundraising

Kultur und Kunst bringen dem Menschen Erfahrungen, Gefühle, Emotionen und Befriedigungen, wie sie von keinem anderen Medium bewirkt werden können.

Fundraising funktioniert über Emotionen, demnach sollte Fundraising für Kultur besonders erfolgreich sein. Dass dies bisher kaum der Fall war und Fundraising für kulturelle Zwecke noch kaum entwickelt ist, liegt an den reichlich vergebenen Subventionen auf diesem Gebiet und, sagen wir es ehrlich, an der elitären Haltung vieler Kulturschaffender, die es für unter ihrer Würde halten, um Geld zu bitten.

Amerika hat es gezeigt: Fundraising führt auf dem kulturellen Sektor zu einer ganz neuen Dynamik, zur Erhöhung der Besucherzahlen und der Publikumsbindung. Fast jeder, der erlebt hat, wie Spender, die auch Besucher sind, ein vertieftes Interesse an Ihrem Museum, Orchester oder Ballett entwickeln, beglückwünscht sich.

Man kann die Strategien des Fundraisings für Hilfswerke fast 1:1 auf den kulturellen Sektor übertragen. Untersuchungen aus England beweisen, dass das Zielpublikum ähnlich ist: Beide Bereiche wenden sich an die über 50-Jährigen mit höherer Bildung und verhältnismäßig großem verfügbaren Einkommen.

Es gibt jedoch Unterschiede, die mit Zahlen aus England belegt werden. Warum England? Weil sich dort das Fundraising für kulturelle Institutionen in den letzten Jahren dramatisch entwickelt hat: Zum Beispiel beschäftigt das „Tate Museum for Modern Art" über 30 Fundraiser, und die Beiträge aus privater Hand haben um über 40 Prozent zugenommen.

Spenden-Aufkommen nach verschiedenen Quellen

	Kultur	Sozial
Mitgliedschaften	49 Prozent	3 Prozent
Legate	28 Prozent	41 Prozent
Spenden	23 Prozent	43 Prozent

Mitgliedschaften sind für kulturelle Institutionen stark überrepräsentiert – und gerade Mitgliedschaft ist eine hervorragende langfristige Einnahmequelle. Legate und Spenden sind bei sozialen Institutionen viel stärker ausgeprägt und dies sind zwei Gebiete, die durch effizientes Fundraising stark erhöht werden können.

Aber: Menschen spenden nur, wenn sie gefragt werden, und bis jetzt haben kulturelle Institutionen nicht gefragt. Das hat sich bereits geändert und wird sich noch viel stärker ändern, wenn Subventionen gekürzt werden. Der soziale Sektor hat diese Entwicklung schon durchlebt. Er ist dank Fundraising und der dadurch erzielten stärkeren Verankerung bei Privaten dynamischer geworden.

Fundraising und Marketing

Fundraising ist eng verbunden mit Marketing: Marketing ist ein Prozess, durch den Individuen und Gruppen erhalten, was sie wünschen und brauchen, indem sie Produkte, Dienstleistungen und Erfahrungen entwickeln und austauschen. Dafür müssen sie eine Vielzahl von Kanälen einsetzen und wissen, wie man mit Medien umgeht, wie man Werbung macht, wie man Mailings und das Telefon einsetzt. Sie müssen auch wissen, welche Preise sie für ihre Leistungen verlangen können und wollen.

Die drei entscheidenden Fragen:

- Was bietet man einem Spender/Mitglied für seinen Beitrag?
- Wie motiviert man ihn zu einer Spende/Mitgliedschaft?
- Welche Mittel setzt man ein, um ihn zu motivieren?

Diese Fragen sollten Sie beantworten können, wenn Sie dieses Buch gelesen haben. Und das Ergebnis sollten mehr Mitglieder und Spender sein, die zu mehr Zuschauern und Besuchern führen.

Sie begeben sich jedoch auf einen hart umkämpften Markt. Sie brauchen daher den festen Willen zum Erfolg, Energie und Offenheit für Neues, und vor allem Mittel, um Ihre Ziele zu erreichen. Fundraising erfordert anfänglich Investitionen und viel Arbeit.

Museen

Die Zahl der Museen hat sich im letzten Jahrhundert fast verzehnfacht. Verschiedene Untersuchungen zeigen, dass die meisten Besucher aus der Region kommen und dass ein Museumsbesuch fast nie alleine, sondern in Begleitung erfolgt.

Das ist wichtig für die Bestimmung des Zielpublikums; ein regionales Publikum erleichtert Fundraising.

Etwas mehr als die Hälfte der Besucher sind Frauen, die Altersgruppe liegt zwischen 50 und 69 Jahren, den Jahren im Leben, in dem die Kinder das Haus verlassen haben, das verfügbare Einkommen größer wird und mehr Zeit für Hobbys zur Verfügung steht.

Motivation

Das Museum ist für Besucher ein Ort des Staunens, der Besinnung und der Freude. Diese Themen müssen betont werden, wenn es darum geht, Spenden zu erhalten.

Hinzu kommt die geeignete Belohnung für die Spende: Was macht dem Spender Freude? Was bewegt ihn zu einer neuen, zu einer höheren Spende?

Marktforschung hat gezeigt, dass Besucher auch teilen möchten, sie möchten, dass sich das Museum öffnet, dass es anderen die gleiche Freude und Befriedigung bringt wie ihnen – ein klassisches, altruistisches Motiv also, welches bei der Spendenwerbung seit jeher eingesetzt wird.

Sechs Grundbedingungen für den Start

Wir haben begonnen, Spenden für kulturelle Institutionen von einem breiten Publikum zu beschaffen und erlebt, dass die Methoden aus der Spendenwerbung für soziale Institutionen auf den Kultursektor übertragbar sind. Die Zielgruppen ähneln sich, die Resultate sind vergleichbar. Die Praxis hat gezeigt, dass die oben formulierten Thesen stimmen und sich umsetzen lassen.

Fundraising ist grundsätzlich für jede Organisation möglich. Einige Fragen sollten Sie sich stellen, bevor Sie beginnen:

1. Haben Sie genug Geld für den Start?

Es ist traurig, aber wahr: ohne Startkapital kein Fundraising! Der einzige Ausweg ist die Arbeit mit einer Firma, die eine Verlustgarantie leistet oder mit Erfolgshonorar arbeitet.

2. Ist Ihre Organisation groß genug?

Wer zu wenige Gönner hat, muss sich seine Maßnahmen sorgfältig überlegen. Wenn die Einnahmen nur von wenigen großen Spendern kommen, ist das langfristige Überleben nicht gesichert. Die Kosten sind oft unverhältnismäßig hoch.

3. Sind Sie und Ihre Anliegen einleuchtend und bekannt genug?

Wenn niemand den Namen Ihrer Organisation oder die Bedeutung Ihres Anliegens kennt, kann das Ergebnis Ihrer Kampagne sehr bescheiden sein.

4. Benötigen Sie das Geld sofort und dringend?

In den meisten Fällen bringt Fundraising am Anfang keine großen Summen ein. Im ersten Stadium geht es darum, sich einen Spender-Stamm aufzubauen. Man benötigt Zeit, um Spender zu finden, sie zu treuen Gönnern zu machen und herauszufinden, welche Art der Ansprache am besten geeignet ist.

Im Fall von Direct Mail:
5. Können Sie Ihre Anliegen per Post verkaufen?

Es gibt Probleme, die sich nicht in die Form eines Briefes zwängen lassen.

6. Halten Sie Ihre Spender für zu intelligent?

Es gibt Organisationen, die meinen, ihre Spender nur über persönliche Kontakte motivieren zu können, weil diese auf „primitives Direktmarketing" nicht reagieren würden. Denken Sie daran, wie wenige Kontakte Sie persönlich herstellen können. Wenn Ihre Gönner intelligent sind, werden sie intelligente Argumente umso besser verstehen.

Bei externen Beratern Hilfe suchen?

2

Vor- und Nachteile externer Berater . . . 20

Den richtigen Berater finden 21

Vor- und Nachteile externer Berater

Gute Gründe für das Hinzuziehen von Beratern

Fundraising wird immer komplexer. Man braucht Wissen und Erfahrung, um auf dem heutigen Markt zu bestehen – erst recht, um anzufangen.

Für interne Mitarbeiter ist es schwierig, motiviert zu bleiben, neue und frische Ansätze zu finden.

Nach einer gewissen Zeit tragen auch die verdientesten Mitarbeiter Scheuklappen. Sie wissen, was intern auf wenig Widerstand stößt, keine bösen Reaktionen von Spendern und Presse hervorruft. Des Kampfes müde beschränken sie sich mit der Zeit auf weniger kontroverse Themen, auf Gewohntes und Erprobtes.

Besonders wenn Fundraising-Mitarbeiter noch andere Aufgaben haben, wird Geldbeschaffung nicht immer als das wichtigste Ziel gesehen.

Unabhängige Berater können den preiswertesten Zulieferer vorschlagen. In vielen Fällen spart er damit für den Kunden ein Mehrfaches seines Honorars ein.

Das Wichtigste zum Schluss: Fundraising ändert sich laufend. Nur wer viel sieht, viel erfährt, viele Ergebnisse kennen lernt, kann sich laufend anpassen, neue Möglichkeiten erkennen und anwenden.

Externe Beratung ist falsch und zu kostspielig, wenn:

- Sie eine lokale Organisation mit geringem Jahreseinkommen und kleinem Potenzial sind. In diesem Fall ist höchstens eine kurze Beratung angebracht.
- Sie selbst schon jahrelange Erfahrung haben, Ihr Programm nach geringen Anpassungen erfolgreich ist und Sie über qualifizierte Mitarbeiter verfügen, die das Programm abwickeln. In diesem Fall genügt von Zeit zu Zeit eine punktuelle Beratung.

Wichtig: Der Berater ist nicht unbedingt besser, er ist anders. Mit seiner Hilfe erfahren Sie neue Aspekte Ihrer Tätigkeit und damit neue Finanzierungsmöglichkeiten.

Den richtigen Berater finden

Welche Berater gibt es?

Berater für Fundraising finden Sie in ganz unterschiedlichen Bereichen tätig: Was zählt, sind Erfahrung und Referenzen.

Adressverlage, Druckereien, Datenbank-Betreiber und andere Anbieter

Es gibt Berater – und nicht die schlechtesten –, die bei einer Firma angestellt sind. Es ist jedoch einleuchtend, dass die Beratung aufgrund der kommerziellen Interessen der jeweiligen Firma nicht immer unvoreingenommen sein kann. Der Berater will Ihnen möglichst viele Dienstleistungen verkaufen.

Selbständige Fundraiser

Immer häufiger gibt es Kleinfirmen, die oft nur aus einer Person bestehen, die ihr Handwerk meistens in einem Hilfswerk gelernt haben. Hier können Sie entweder einzelne Dienstleistungen, etwa Redaktion und Grafik, oder ganze Konzepte einkaufen.

Werbeagenturen

Die großen Werbeagenturen haben Sozial-Marketing als lukrative „Nische" entdeckt. Bei diesen Firmen finden Sie kreative Talente, die neue Impulse bringen – oft aber fehlt ihnen das Gespür und die Erfahrung im Fundraising. Hier gilt der alte Spruch: „You can't sell brotherhood like soap." (Mitleid kann man nicht wie Waschpulver verkaufen.)

Doch können Sie gerade bei Werbeagenturen von deren breiter Erfahrung profitieren und auch lernen, wie man komplexe Sachverhalte auf einfachste, eingängige Formeln und überzeugende visuelle Konzepte reduziert.

Am besten informieren Sie sich bei den nationalen Fundraiser-Vereinigungen über spezialisierte Agenturen oder Berater. Fragen Sie auch Fundraiser-Kollegen.

Die Kontaktaufnahme

Bei der Kontaktaufnahme mit einem externen Berater sollten Sie direkt nach Referenzen fragen.

Der endgültige Auswahlprozess ist schwierig, denn letzten Endes kommt es nicht nur auf technische Informationen, sondern auch auf andere Faktoren an, zum Beispiel:

Gegenseitiges Verständnis

Sprechen Sie und der Berater die gleiche Sprache? Versteht er Ihr Anliegen wirklich? Haben Sie den Eindruck, dass er in der Lage ist, das Anliegen Ihrer Organisation bei den Spendern „rüberzubringen"?

Emotionale Faktoren

Verstehen Sie sich menschlich mit dem Berater? Stimmt die „Chemie"? Ist er Ihnen sympathisch? Emotionale Faktoren spielen in der Zusammenarbeit eine nicht zu unterschätzende Rolle.

Angebots-Palette

Erbringt die Agentur oder der Berater alle Leistungen, die Sie brauchen? Es ist zeitaufwendig und kompliziert, mit mehreren Beratern oder Agenturen zu arbeiten.

Honorare

Auf welcher Honorarbasis arbeitet der Berater? Nimmt er eine Pauschale für den ganzen Auftrag oder berechnet er ein Tageshonorar? Beides hat Vor- und Nachteile. Die meisten Auftraggeber wünschen anfänglich eine Pauschale, da sie so problemlos budgetieren können und vor unangenehmen Überraschungen geschützt sind.

Wichtig: Es ist Beratern und Agenturen, die Mitglied von Fundraiser-Organisationen sind, nicht erlaubt, auf Provisionsbasis zu arbeiten.

Kreativität

Hat die Agentur einen Standard-Vorschlag in der Schublade und überträgt sie diesen auf Ihre Organisation? Einige Agenturen haben Konzepte entwickelt, von denen sie wissen, dass sie erfolgreich sind, und offerieren diese mit geringen Varianten verschiedenen Organisationen.

Zu diesem Vorgehen gibt es kein „richtig" oder „falsch". Die Entscheidung hängt von Ihren Anforderungen ab. Der Vorteil liegt darin, dass Sie mit einem bewährten Konzept kein großes Risiko eingehen. Sie müssen aber wissen, dass Sie tendenziell mit anderen Organisationen austauschbar werden, und überlegen, ob es zu Ihrer Organisation passt.

Entscheidungsbefugnis

Wer entscheidet? Sie oder der Berater? Ist es dem Berater am liebsten, wenn Sie zahlen und ihn nicht bei der Arbeit stören, oder erarbeitet er Lösungen im Verbund mit Ihnen? Wieder gibt es kein Patentrezept. Entscheidend ist die spezielle Situation Ihrer Organisation.

Ansprechpartner und Sachbearbeiter

Die Frage nach Ihrem Ansprechpartner kann leider meist erst nach dem Beginn der Zusammenarbeit beantwortet werden. Ist Ihr Ansprechpartner in der Agentur schnell für Sie erreichbar und informiert er bereitwillig? Macht der Mitarbeiter, den Sie kennen gelernt haben, auch die Arbeit? Gute Verkäufer sind nicht immer gute Ausführende und umgekehrt. Darum hat es sich in Agenturen bewährt, einige besonders überzeugende und vom Kunden als brillant wahrgenommene Mitarbeiter für Verkaufspräsentationen einzusetzen. Die Arbeit machen dann andere, vielleicht weniger spektakuläre Menschen. Das ist nicht unbedingt ein Nachteil. Nur: Sie sollten von Anfang an wissen, mit wem Sie zusammenarbeiten.

Die Zusammenarbeit

Nach der Entscheidung für einen Berater oder eine Agentur beginnt die Arbeit erst. Ja, auch für Sie! Es wäre ganz falsch, Experten – auch wenn diese noch so gut sind – alleine zu lassen und nur darauf zu warten, dass das Geld reinkommt.

Die Organisation muss den Input leisten. Sie muss ihren Berater instruieren, motivieren und notfalls überwachen. Das heißt nicht, dass Sie ihm dauernd hineinreden – aber Sie sollten jederzeit wissen, wie weit die Arbeiten gediehen sind und wie das Resultat bis jetzt aussieht.

Berater sind meistens nicht billig; Sie sollten daher bei einem Termin gut vorbereitet sein, um in möglichst kurzer Zeit möglichst viel mit ihm zu erledigen.

Nachstehend finden Sie einen Fragebogen, der Ihnen hilft, Ihren „Status quo" zu bestimmen.

Es lohnt sich auch, den Fragebogen auszufüllen, wenn Sie keinen Berater suchen; er gibt Ihnen einen ausgezeichneten Überblick über den Stand Ihrer Fundraising-Bemühungen.

Checkliste: Status quo der Geldbeschaffungsmaßnahmen

I. Mittelbeschaffung

1. Wie viele Mitarbeiter sind im Bereich Mittelbeschaffung tätig?

   . . . .

2. Wie hoch ist Ihr Direct Mail-Budget, und wie ist es aufgeteilt?

   . . . .

3. Wie teilen sich Ihre augenblicklichen Einnahmen aus freiwilligen Zuwendungen auf (Direct Mail, Firmen-Spenden, Legate usw.)?

   . . . .

4. Wo liegen die Stärken Ihres Hilfswerks?

   . . . .

5. Wo liegen die Schwächen?

   . . . .

6. Wie viele Menschen unterstützen Ihr Hilfswerk? Davon sind

   Spender: . . . . Mitglieder: . . . .

   Dauerspender: . . . . Käufer: . . . .

   Abonnenten: . . . . Andere: . . . .

II. Datenverarbeitung

1. Welches System verwenden Sie?

   . . . .

2. Ist es ein interaktives System?

   . . . .

   Erfolgt die Adressverwaltung in Ihrem Hause?

   . . . .

   Wer ist für die Datenverarbeitung zuständig?

   . . . .

noch: Checkliste: Status quo der Geldbeschaffungsmaßnahmen

Wer trägt die Verantwortung für die Spender-Datenbank?

. . . .

3. Gibt es für die verschiedenen Spender-Kategorien separate Auswertungen, zum Beispiel für

   Einzel-Spender: . . . . Stiftungen: . . . .

   Firmen: . . . . Andere: . . . .

4. Welche Informationen sind für jeden Spender gespeichert?

   . . . .

5. Speichern Sie zusätzliche Information über Top-Spender/ mögliche Spender

   . . . .

6. Haben Sie qualitative oder quantitative Informationen über Ihre Spender?

   . . . .

7. Welche Segmentierungsmöglichkeiten haben Sie?

   . . . .

III. Direct Mail

1. Zustand der Stammdatei Ihrer Spender:

   Statisch: . . . . Weiß nicht: . . . .

   Schrumpft: . . . . Wächst: . . . .

   Wie viele neue Spender gewinnen Sie pro Jahr?

   . . . .

2. Wie akquirieren Sie neue Spender?

   Kalte Mailings: . . . . Anzeigen: . . . .

   Beilagen: . . . . Unadressierter Versand: . . . .

   Info-Stände: . . . . Andere Methoden:

3. Welche ist Ihre erfolgreichste Methode?

   . . . .

4. Welche Methode ist am kostengünstigsten (sowohl Akquisitionskosten als auch auf Lebensdauer berechnet)?

   . . . .

noch: Checkliste: Status quo der Geldbeschaffungsmaßnahmen

5. Wie viele Mailings versenden Sie pro Jahr an

   Spender: . . . . Mitglieder: . . . .

   Abonnenten: . . . . Käufer: . . . .

   Darunter:

   Upgrading-Vorschläge: . . . . Legatmarketing: . . . .

   Spezial-Mailings/Dringende Appelle usw.: . . . .

6. Wie lauten die durchschnittlichen Ergebnisse Ihrer Mailings?

   Rücklauf in Prozent: . . . .

   Durchschnittszahlung in EUR/SFr.: . . . .

   Ertrag pro Mailing in EUR/SFr.: . . . .

7. Diese Erträge sind Ihrer Meinung nach

   gut . . . . schlecht . . . .

8. Segmentieren Sie Ihre Aussendungen? – Wie?

   . . . .

9. Danken Sie Ihren Spendern? – Wie?

   . . . .

10. Erhalten Neuspender eine spezielle Begrüßung?

    . . . .

11. Wie gehen Sie mit Spontan-Spenden um?

    . . . .

12. Wie verbessern Sie den Status der Spender (zum Beispiel vom gelegentlichen zum regelmäßigen Spender)?

    . . . .

13. Wie oft im Jahr betreiben Sie Mitgliederwerbung?

    . . . .

    Setzen Sie das Telefon dafür ein? . . . .

14. Reaktivieren Sie Nicht-mehr-Spender? Wenn Ja:

    per Brief . . . . telefonisch . . . .

Der Spender

3

Motive: Warum gibt ein Mensch? 28

Gute Adressen bringen Erfolg 29

Sozio-demographische Merkmale des Spenders 30

Adresslisten: Wie geht man damit um? . 31

Marktforschung – sinnvolle Unterstützung? 36

Motive: Warum gibt ein Mensch?

Warum geben Menschen? Weil sie ein gutes Herz haben? Spender geben, obwohl sie wissen, wie oft getäuscht und betrogen wird. Dies ist für mich und viele andere ein immer neues Wunder, für welches wir täglich neu dankbar sind und sein müssen. Es ist ein Geschenk für Fundraiser, das bewahrt und in Ehren gehalten werden muss.

Schuldgefühle

Spenden Menschen, weil sie sich schuldig fühlen? Schuldig, weil es ihnen so gut geht? Weil der Tisch reich gedeckt ist und Nahrungsmittel oft weggeworfen werden? Darf und soll ein Fundraiser derartige Gefühle für seine Zwecke ausnutzen? Meiner Ansicht nach ja, denn die Tatsache, dass es uns gut geht, gibt uns auch die Verantwortung für andere, die hungern. Aus der negativen Empfindung „Schuld" kann ein Fundraiser das positive Gefühl der Verantwortlichkeit der Privilegierten ableiten und „ausnutzen".

Zeitgeist

Geben Menschen, weil Spenden „in" ist? Wahrscheinlich ist nicht der eigentliche Akt des Spendens der Mode unterworfen, sondern der Spenden-Empfänger oder dessen Anliegen.

Sicher gibt es Organisationen, die vom Zeitgeist und von Modeströmungen profitieren. Denken Sie an das Phänomen „Greenpeace" in den achtziger Jahren, oder denken Sie an Aids: Ein neues Problem – Kranke und Sterbende direkt neben uns – brachte Spenden von neuen, jungen Spender-Gruppen.

Grundsätzlich scheint sich eine neue Art des Mäzenatentums zu entwickeln. Menschen, die reich wurden, wollen teilen. Sie wollen schon zu Lebzeiten Geld geben und oft selber mitbestimmen, wie das Geld ausgegeben wird.

Neu ist der „social entrepreneur" – der Geldgeber, der selbst viel von effizientem Management versteht und diese Prinzipien auch bei der Arbeit von Non-Profit-Organisationen sehen will.

Alle, die für Mittelbeschaffung verantwortlich sind, müssen Trends akzeptieren. Die Erfahrung lehrt, bescheiden zu sein, wenn es Erfolge gibt, und sich nicht entmutigen zu lassen, wenn es schlecht läuft. Es gibt Faktoren, die wir nicht beeinflussen können. Erfolg oder Misserfolg sind nicht immer abhängig von der Qualität unserer Arbeit.

Der Wunsch, etwas zu verändern

Dies ist wohl der wichtigste Grund, weshalb ein Spender gibt. Viele Menschen sehen Elend oder Unrecht in der Welt, wollen helfen, fühlen sich aber angesichts der Enormität der Aufgabe ohnmächtig. Sie übertragen uns, den Profis, die Aufgabe, mit ihrem Geld die Welt besser zu machen.

Der Wunsch, etwas zu bewahren

Bauten, Kulturdenkmäler, die Umwelt zu bewahren ist ein starkes Spendenmotiv. Es reicht aber nicht, wenn ein potenzieller Spender Mitleid empfindet und/oder etwas verändern oder bewahren will. Wenn wir mit unserem Spenden-Aufruf Erfolg haben wollen, müssen wir auch das Gefühl geben, mit einer Spende wirklich etwas bewirken zu können.

Es ist wichtig, dem Spender zu vermitteln: „Wir wissen, wie man hilft. Wir haben den Willen und die Fähigkeit, etwas zu verändern. Du hast Geld, gib es uns, um unseren Auftrag zu erfüllen; wir setzen es so ein, dass es am meisten hilft!" Wir bieten dem Spender auf diese Weise einen Ausweg aus einer ausweglosen Situation. Wir sind die Fachleute für eine Veränderung zum Guten.

Wir alle kennen den Spruch: „Jede Spende zählt!" Sie zählt im wahrsten Sinne des Wortes, und es ist unsere Aufgabe, dem Spender mitzuteilen, was seine Spende bewirkt. Mit seiner Spende überträgt der Spender uns seine Verantwortung. Er ermächtigt uns; ohne ihn sind wir ohnmächtig.

Gute Adressen bringen Erfolg

Der Erfolg Ihres Fundraisings hängt von zwei Faktoren ab:

- neue Spender zu finden
- Spender zu finden, die Ihnen treu bleiben

Früher haben Organisationen oft über Jahre, wenn nicht über Jahrzehnte hinweg, eine Spender-Datei aufgebaut, vorsichtig nach der

„trial and error“-Methode und darauf bedacht, haushälterisch mit dem Geld der Spender umzugehen und sich keine Irrtümer zu leisten.

Es gab aber auch neue Organisationen, die einen großen Teil ihrer Einnahmen aus Spenden-Aufrufen in den Ausbau ihrer Spender-Datei steckten und so in kurzer Zeit sehr große Dateien aufbauten.

Wie im kommerziellen Bereich ist es notwendig, in die Zukunft und das Wachstum zu investieren. Non-Profit-Organisationen müssen unternehmerisch denken und bemüht sein, eine Größe zu erreichen, die es ihnen erlaubt, mit möglichst geringen Kosten Geld zu beschaffen. Vor allem aber müssen sie die Zukunft sichern, indem sie die Zahl ihrer Spender – wenn nicht vergrößern – so doch konstant halten.

Alle müssen deshalb durch laufende Werbeaktivitäten neue Spender gewinnen und diejenigen ersetzen, die abspringen.

Direct Mail-Fundraiser arbeiten nach dem Grundsatz: „Es gibt drei wichtige Erfolgsfaktoren für neue Spender: Adressen, Adressen, Adressen.“

Das bedeutet in der Praxis:

- Der beste Brief an eine schlechte Adresse bleibt erfolglos.
- Ein schlechter Brief an eine gute Adresse hat eine Erfolgschance.

Sozio-demographische Merkmale des Spenders

Glücklicherweise gibt es einige allgemeine Grundsätze über Spender-Merkmale, die praktisch für alle Organisationen gelten:

- Menschen, die einer Organisation spenden, geben meistens auch einer anderen eine Spende. Für viele Fundraiser ist es eine große Enttäuschung zu erfahren, dass sie keine „exklusiven“ Spender haben, sondern ihre Spender mit anderen Organisationen teilen müssen, das heißt wir sind alle von dem Teil der Bevölkerung abhängig, der bereit ist zu spenden.
- Ungefähr 70 bis 80 Prozent aller Spender sind Spenderinnen. Wenn Ihre Datei anders aussieht, lassen Sie sich nicht täuschen, denn oft steht hinter dem Absender eines Mannes eine Frau, die die Entscheidung für die Spende trifft und die Zahlung leistet.
- Spender haben oft eine überdurchschnittlich gute Schulbildung.

- Das Einkommen der Spender liegt häufig über dem Durchschnitt.
- Spender interessieren sich häufig für das Weltgeschehen, lesen Zeitungen und Zeitschriften.
- Spender leben häufiger in Ein- oder Zweifamilienhäusern, als Folge ihrer besseren finanziellen Verhältnisse.
- Spender sind oft religiös.
- Spender sind meist älter, das heißt in den meisten Fällen über 50 Jahre alt, vielleicht aber sogar zwischen 60 und 85 Jahren.
- Das Wichtigste überhaupt: Spender sind Spender. Wer für eine Organisation gespendet hat, spendet auch für eine andere.

Mit diesen Vorgaben können Sie beginnen, Adresslisten für Ihre Spender-Gewinnung auszusuchen.

Adresslisten: Wie geht man damit um?

Zuerst eine wichtige Präzisierung: Adressen kaufen Sie nicht, Sie mieten sie. Und zwar für den einmaligen Gebrauch.

Wichtig: In jeder Liste gibt es Kontrolladressen. Wenn Sie also in Versuchung kommen sollten, die gleiche Liste zweimal einzusetzen, würde der Inhaber der Liste dies sehr schnell merken.

Adressen vom Adressbroker mieten

Adressen gibt es beim Adressbroker. Er handelt mit Adressen. Im besten Fall berät er sie objektiv – wie es für Ihren speziellen Fall am sinnvollsten ist. Im schlimmsten Fall ist er nur daran interessiert, Ihnen so viele teure Adressen wie möglich zu vermieten, damit er möglichst hohe Vermittlungsgebühren einstreicht.

Wichtige Fragen, die Sie Ihrem Adressbroker stellen sollten:

- Wie gepflegt ist diese Liste? Werden Adressänderungen laufend ausgeführt bzw. wann wurde die Liste das letzte Mal verwendet?
- Ist die Liste „ausgelaugt“? Wie oft wurde sie im letzten Jahr eingesetzt?
- Was sind die Zusatzkosten (zum Beispiel Grundkosten, Abgleiche, Datenformate)?

Warum brauchen Sie einen Adressbroker?

Die Vielfalt der auf dem Markt erhältlichen Listen ist groß, so dass es für einen Laien fast unmöglich ist, einen Überblick zu haben. Außerdem bietet ein Adressbroker die Miete von Adressen vielfach unter speziellen Bedingungen an. Sie zahlen somit nicht mehr, als wenn Sie sich selbst um die Listen bemühten.

Achtung: Der Adressbroker ist nur so gut wie die Information, die Sie ihm geben. Sie müssen aktiv mitarbeiten und ihm alles mitteilen, was Sie über die eigene Organisation und das schon vorhandene oder gewünschte Spender-Profil wissen. Sie müssen sich vielleicht auch sagen lassen, dass Ihre Vorstellungen unrealistisch sind.

Welche Informationen verbergen sich hinter einer Adresse?

Eine vollständige Adresse enthält in der Regel Namen, Vornamen, Geschlecht, Straße und Hausnummer sowie Wohnort mit Postleitzahl. Das sind die Basisdaten. Oft können Sie auch die Telefon- und Fax-Nummer, Titel und Berufsbezeichnungen erwerben. Bei den meisten Adresslisten können Sie zusätzlich Information über die Vorlieben, beispielsweise Konsumgewohnheiten, des Adressaten erhalten.

Wichtig: Jede Zusatzinformation kostet Geld. Überlegen Sie, welche Informationen Sie Gewinn bringend verwerten können!

Verschiedene Arten von Adresslisten

Listen von Spendern anderer karitativer Organisationen

Hier gilt es, vorsichtig zu sein: Einerseits könnten diese Ihre erfolgreichsten kalten Listen sein, andererseits handelt es sich oft um alte Listen von ehemaligen Organisationen oder Hilfswerken, die diese Adressen nicht mehr bedienen wollen, weil sie unrentabel geworden sind.

Spezial-Agenturen

Es gibt Unternehmen, die sich auf Versand-Aktionen für Hilfswerke spezialisiert haben und sich im Laufe der Jahre Spender-Adresslisten erarbeitet haben. Diese sind oft hoch rentabel – aber auch teuer und teilweise an die Bedingung geknüpft, dass Sie Ihre Mailings bei der listenbesitzenden Firma drucken lassen. Hier gilt es, die Preise sorgfältig zu vergleichen.

Adresslisten-Austausch

In anderen Ländern ist es üblich, dass Organisationen die Listen ihrer Spender untereinander austauschen, nachdem man die Erfahrung gemacht hatte, dass die Spender anderer Hilfswerke auch den eigenen Organisationen spendeten. Dieser Listenaustausch ist bei uns nicht oder nur versteckt möglich. Er bestätigt jedoch die oben genannte Regel: Wer einer Organisation spendet, gibt auch anderen.

Listen von Versandhauskunden

Diese sind beliebt. Es wird argumentiert, dass Kunden von Versandhäusern daran gewöhnt sind, Werbung per Post zu erhalten und diese auch aufmerksam ansehen. Aus welcher Branche Sie diese Listen erwerben, hängt von der Art Ihrer Organisation ab.

Listen von Abonnenten diverser Zeitungen und Zeitschriften

Oft ein guter Tipp: Welche Art von Zeitung und Zeitschrift man abonniert hat, sagt viel über Wertvorstellungen und Grundeinstellungen aus. Ist die Zeitung konservativ oder progressiv? Regional oder national?

Von besonderem Interesse sind in diesem Zusammenhang Blätter mit religiösem Gehalt, auch wenn sie nicht direkt für eine kirchliche Organisation sammeln. Spender sind überdurchschnittlich häufig religiös.

Es gibt auch Abonnenten-Listen von Tierzeitschriften, die sehr beliebt sind: Wer sich für Tiere interessiert, hat oft auch ein Ohr für Umweltfragen und menschliche Probleme. Es gibt aber auch weniger offensichtliche Synergien: Abonnenten von Kreuzworträtsel-Heften oder Handarbeits-Zeitschriften sind häufig älter und gelten aufgrund dieses Merkmals als typische Spender.

Weitere potenzielle Spender

Während die vorher aufgeführten Kategorien von Adresslisten immer nur einen kleinen Teil der Bevölkerung umfassen, gibt es neuerdings viel versprechende neue Listen, die auf Haushalts- und Telefonadressen beruhen. Hier werden potenzielle Spender ermittelt, die bisher in keiner Liste aufgetaucht sind.

Wie funktioniert das? Der Adressbroker reichert zuerst einfache Adressen mit allen möglichen Daten an und vergleicht diese dann untereinander. Mit Hilfe komplexer Analyseverfahren ist es möglich, eine Vielzahl von Daten miteinander zu verknüpfen und Zusammenhänge aufzudecken.

Die bereits vorhandenen Adressen Ihrer Organisation werden hinsichtlich ihrer spezifischen Merkmale untersucht. Anschließend werden die Adressen mit den gleichen Merkmalen aus der großen Menge der Haushaltsadressen herausgefiltert.

Wenn Sie also bereits Spender haben, führt die Analyse der Spender-Adressen zu neuen Spendern, die Ihrem Spender-Profil entsprechen.

Wenn Sie neu anfangen und somit bisher keine Adressen, sondern lediglich eine Vorstellung vom gewünschten Spender haben, definieren Sie ein Profil und lassen Sie sich Adressen, die diesem Profil entsprechen, herausfiltern.

Vorsicht: Die Erstellung eines passenden Profils ist äußerst schwierig, und als Anfänger zahlen Sie mit diesem Vorgehen unter Umständen viel Lehrgeld.

Wichtig: Bevor Sie Adresslisten mieten, sollten Sie bei verschiedenen Adressbrokern eine Übersicht der angebotenen Adresslisten anfordern und Angebote und Preise miteinander vergleichen.

Wenn Sie sich für einige Listen entschieden haben, klären Sie noch ab:

- Wie viele Adressen müssen Sie mindestens abnehmen?

Sie wollen anfänglich wahrscheinlich nicht mehr als 5 000 Adressen antesten.

- Wie viele Adressen enthält die Liste?

Eine kleine Liste mit nur wenigen Namen ist in den meisten Fällen nicht interessant, weil sie lediglich einen kleinen Teil der Bevölkerung umfasst. Beim Einsatz jeder Liste, unabhängig von ihrer Größe, entstehen gewisse Grundkosten. Je weniger Adressen auf der Liste, desto höher sind diese Grundkosten pro Adresse. Andererseits ist eine zu große Liste meist nicht spezifisch genug.

Adresslisten abgleichen und testen

Damit Sie einen (zukünftigen) Spender nicht mehrmals anschreiben, müssen Sie die gewählten Listen erstens untereinander und zweitens mit Ihren bereits vorhandenen Listen abgleichen und doppelte Adressen löschen.

Die Abgleichkosten sind natürlich umso höher, je mehr unterschiedliche Listen Sie antesten. Der Abgleich ist aber eine Maßnahme, die sich lohnt: Ihre Produktions- und Portokosten werden geringer ausfallen, und Sie vermeiden es, Spender durch doppelte Anschreiben zu verärgern.

Wichtig: Je mehr Überschneidungen auftauchen, desto besser. Es zeigt, dass die Profile der von Ihnen gewählten Listen übereinstimmen.

Ablaufschema: Adressen abgleichen

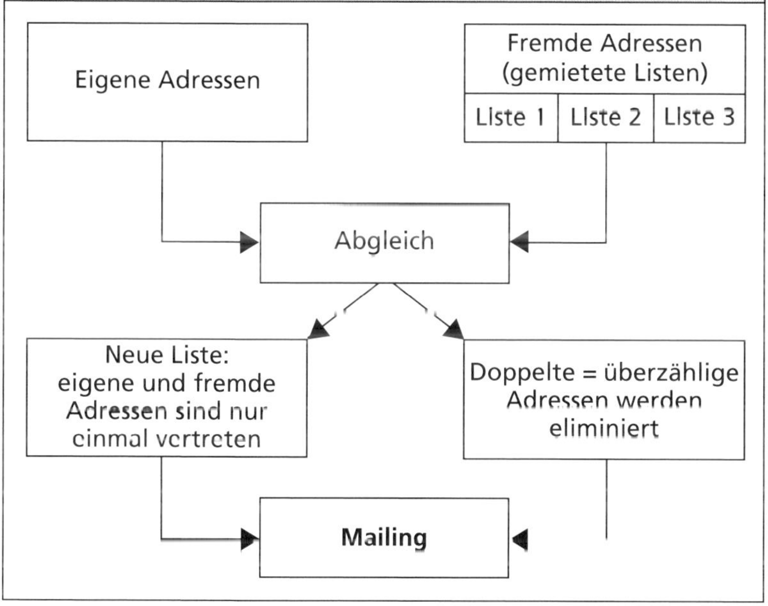

Doppelte Sendungen an eine Adresse werden Sie nie ganz vermeiden können. Darum empfiehlt es sich, bereits vor dem Versand alle beteiligten Mitarbeiter darüber zu informieren, was sie auf diesbezügliche Klagen antworten sollen (siehe Seite 133 f.).

Jede Adressliste erhält einen Code, über den Sie nach dem Versand feststellen können, aus welcher Liste Ihr Spender stammt. Es ist wichtig, dass Sie die Spenden-Ergebnisse der einzelnen Listen ermitteln und die Listen miteinander vergleichen. Hierfür existieren komplizierte Vergleichslisten, aber im Grunde genügt ein einfacher Vergleich.

Die „ideale" Liste – mit dem höchsten Reinertrag – können Sie noch zwei- bis dreimal einsetzen, ehe sie nicht mehr rentabel ist. Da Sie nach dem ersten Versand die Adressen aller Spender herausfiltern und sie in Ihre Spender-Liste übernehmen sollten, müssen Sie allerdings schon beim zweiten Versand damit rechnen, dass die Antwortrate sinkt.

Gute Listen können Sie nach einer gewissen Ruhepause wieder neu einsetzen, denn auch Listen regenerieren sich – wenn sie gepflegt werden!

Marktforschung – sinnvolle Unterstützung?

Marktforschung hat bei manchen Organisationen den Ruf, teuer, schwierig und oft nutzlos zu sein. Und doch: Gerade zur Gewinnung von neuen Spendern und der damit verbundenen Entscheidung, welche Listen man mieten soll, ist Marktforschung die ideale Hilfe.

Grundsätzlich benötigen Sie Antworten auf folgende Fragen:

- Was motiviert Menschen, Ihrer Organisation zu spenden?
- Was erwarten die Spender von Ihrem Hilfswerk?
- Welche Werthaltungen zeichnen Ihre Spender aus?
- Welche demographischen Faktoren beschreiben Ihre Spender?
- Welche speziellen Informationen sind für Ihre Organisation wichtig?
- Wer ist Ihre Konkurrenz?
- Wer gibt wem wie viel?

Wie kommen Sie an derartige Informationen?

Telefonbefragung

Die Befragung per Telefon ist eine schnelle und verhältnismäßig einfache Methode, um Informationen zu erhalten. Sie können die Befragungen selbst durchführen oder ein hierauf spezialisiertes Institut beauftragen.

Damit Sie aussagekräftige Ergebnisse erhalten, muss die Befragung gründlich vorbereitet werden, insbesondere:

- Ihre Fragen müssen sehr genau formuliert werden. Sie sollten dabei versuchen, alle möglichen Antworten der Befragten zu berücksichtigen.
- Die Adressen, bei denen Sie anrufen, sollten sorgfältig ausgewählt werden. Sie können zum Beispiel eine Zufallsauslese unter Ihren Spendern treffen, das heißt Sie rufen jede zehnte, 100. oder 1 000. Adresse Ihrer Datei an. Wenn Sie sich für die Charakteristika Ihrer besseren Spender interessieren, wählen Sie aus Ihrer Liste nur Spender ab einer gewissen Spenden Höhe aus.

Einer meiner Kunden befragte kürzlich aktive Spender und stellte die gleichen Fragen auch ehemaligen Spendern. Er erhielt auf diese Weise wertvolle Hinweise darauf, wie sich treue Spender von denen unterscheiden, die nur wenige Male gezahlt haben. Diese Informationen führten dazu, dass manche Listen nicht mehr eingesetzt wurden.

Fokus-Gruppen oder Gruppenbefragungen

Laden Sie ausgewählte Spender zu einer Gesprächsrunde ein. Unter der Leitung eines qualifizierten Moderators diskutieren die Spender über verschiedene Fragestellungen. Die Wahl des Moderators ist entscheidend für Erfolg und Misserfolg, denn er muss darauf achten, dass die Gruppe ausgewogen bleibt, jeder zu Wort kommt, tatsächlich äußert, was er wirklich denkt, und nicht unter dem Druck der Gruppe nur noch „nette" Sachen sagt. Die Ergebnisse werden per Video oder schriftlich dokumentiert.

Fokus-Gruppen scheinen mir besonders wichtig und wertvoll, weil man hier Gelegenheit hat, Spender „live" zu erleben. In einer solchen Diskussion erfahren Sie viel Interessantes über die Ansichten Ihrer Spender, und oft sind es Eindrücke, die Ihnen keine schriftliche Befragung geben kann, denn die Antworten erfolgen spontan.

Auch können diese Gruppenbefragungen sehr heilsam sein, denn die Befragten sind häufig sehr emotional und sagen bei solch einer Gelegenheit meist unverblümt ihre Meinung. Mich hat in mehreren Fällen verblüfft, wie wenig die eingeladenen Spender über die Arbeit und Ziele einer Organisation wussten, obwohl sie sie teilweise schon jahrelang unterstützten.

Fragebogen-Aktion

Die kostengünstigste Variante einer Spender-Befragung ist die schriftliche Erhebung. Sie veröffentlichen in Ihrer Zeitung einen Fragebogen oder legen ihn den Mailings bei. Eine derartige Befragung können Sie selbst durchführen und auswerten.

Oft sind die Rücklaufquoten erstaunlich hoch – aber das ist auch der Pferdefuß einer derartigen Befragung: Wer macht sich die Mühe, derartige Fragebogen auszufüllen und abzuschicken? Wahrscheinlich überdurchschnittlich motivierte Spender. Sie erhalten daher eher ein positiv verzerrtes Bild Ihrer Organisation.

Umgekehrt werden auch ein paar notorisch Unzufriedene antworten. Was fehlt, ist der gesamte Mittelbau: Menschen, die gelegentlich spenden. Oft wollen Sie aber gerade über diese Gruppe mehr erfahren, zum Beispiel, wie Sie sie motivieren können, regelmäßiger zu spenden.

Sie können die Rücklaufquote einer solchen Befragung erheblich steigern, wenn Sie den Rücksendern ein kleines Geschenk versprechen. Dies hat auch zur Folge, dass Sie die Namen und Adressen der Beantworter erfahren. Wenn Sie eine entsprechende Datenbank haben, können Sie dort die entsprechenden Informationen abspeichern. Bedenken Sie aber, dass das Versenden der Geschenke viel Arbeit macht und Geld kostet!

Persönliche Interviews

Mündliche Befragungen sind sicher die aufwendigste, aber auch die verlässlichste Form der Befragung. Wenn Ihre Organisation eher regional tätig ist, können Sie Besuche bei Spendern (natürlich nach vorheriger brieflicher Ankündigung) selbst machen. Sobald eine Agentur diesen Auftrag ausführt, müssen Sie mit deutlich höheren Kosten rechnen.

Fazit

Welche Form der Informationsbeschaffung Sie auch wählen, wichtig ist immer, dass Sie die Informationen auswerten und intelligent einsetzen. Durch die Marktforschung erfahren Sie, wofür sich Ihre Spender in erster Linie interessieren und welche Maßnahmen sie am liebsten unterstützen. Diese Informationen können Sie auch für den Inhalt Ihrer Mailings an potenzielle neue Spender einsetzen.

Erfolgreiche Mailings

4

Die Bestimmung der Zielgruppe 42

Der wichtigste Teil des Mailings: der Zahlschein 45

Mit dem Umschlag Aufmerksamkeit wecken 46

Wie schreibt man einen Spendenbrief? . 48

Praktische Tipps zum Verfassen des Anschreibens 49

Formale Kriterien des Anschreibens . . . 51

Der Prospekt 52

Die Bestimmung der Zielgruppe

Das perfekte Mailing schlechthin gibt es nicht, denn jedes Mailing ist anders, da es sich mit einem speziellen Anliegen an eine bestimmte Zielgruppe richtet.

Ihr Mailing sollte ein Thema haben, das sich durch alle Bestandteile des Mailings zieht und immer wieder aufgenommen wird. Wenn zum Beispiel ein bestimmtes Motto auf dem Umschlag genannt wird, sollte sich dieses auf den verschiedenen anderen Bestandteilen wiederfinden, besonders auf dem Zahlschein, der zuletzt in die Hand genommen wird.

Der Text sollte charakteristisch für Ihre Organisation und unverwechselbar sein. „Ihre Spende hilft helfen" oder „Hilfe tut not" sind keine organisationsspezifischen Slogans, sondern Allgemeinplätze.

Ich schlage Ihnen eine Übung vor, die Sie vor Beginn der Aktion machen können. Der nachstehende Fragebogen hilft Ihnen, sich ein Bild von Ihrem Spender zu machen, der Person, die Sie mit Ihrem Mailing ansprechen und überzeugen wollen.

Checkliste: Vorbereitung eines Mailings

1. **Wem schreiben Sie, wer ist Ihr(e) Spender(in)?**

   Name: ....
   Alter: ....
   Familienstand: ....
   Bildungsstand: ....
   Einkommen: ....
   Wohnform (Mietwohnung, eigenes Haus usw.): ....
   Interessen, spezielle Informationen: ....

2. **Was soll der/die Leser(in) Ihres Briefes tun?**

   Ich möchte, dass er/sie: ....
   ....
   weil: ....
   ....
   Die Unterstützung/Spende wird dazu führen, dass: ....
   ....

noch: Checkliste: Vorbereitung eines Mailings

3. Wie motiviere ich den/die Leser(in) des Briefes?

Unsere Organisation verdient Unterstützung, weil: ....

....

Welches ist das Hauptmotiv fürs Helfen, warum bitten wir den/die Leser(in), etwas zu tun?: ....

....

Was geben wir dem/der Spender(in) als Belohnung und Dank für seine/ihre Spende? ....

Immaterielle Werte: ....

Materielle Geschenke: ....

Anderes: ....

....

Wie vermitteln wir dem/der Spender(in) das Gefühl von Wichtigkeit?

....

....

Können wir die Geschichte eines Menschen/einer Gruppe erzählen, dem/der unsere Organisation hilft? ....

Wer ist das? ....

Wo lebt er/leben sie?

Was führte dazu, dass diese(r) Mensch(en) unsere Hilfe brauchen?

Was geschah? Wann und wo? ....

....

....

Wie kann unsere Organisation Hilfe leisten? (Erklären Sie, welcher Ihrer Mitarbeiter welche Hilfe leistet bzw. welche Tätigkeiten ausführt.) ....

....

....

Wie hilft eine einzelne Spende? Was bewirken welche Beträge?

....

....

Zeitaufwand für den Mailing-Entwurf

Die nachstehenden Bestandteile eines Mailings sind in der Reihenfolge ihrer Wichtigkeit genannt:

- Zahlschein
- Text auf dem Briefumschlag: Damit der Brief auch geöffnet wird, sollten Sie ausreichend Zeit auf die Formulierung dieses Textes verwenden.
- Erster Satz des Briefes
- Erster Satz jedes folgenden Textabsatzes
- Postskriptum
- Prospekt: Text auf dem Umschlag und Überschriften
- Sonstige Texte

Denken Sie bitte beim Schreiben an diese Gewichtung. Sie werden sehen, wie schwer es Ihnen fällt, sich daran zu halten. Immer wieder werden Sie versucht sein, stundenlang am Text des Prospektes zu feilen. Dieser wird aber vielleicht nur noch von 20 Prozent der Empfänger gelesen.

Eine Umfrage bei Direct Mail-Fundraising-Profis hat ergeben, dass sie beim Entwerfen und Schreiben eines Mailings ihre Zeit folgendermaßen einteilen:

Umschlag	30 Prozent
Brief, Prospekt	50 Prozent
Zahlschein	20 Prozent

Der verhältnismäßig niedrige Prozentsatz für den Zahlschein erklärt sich aus diversen technischen Vorschriften, die nur wenig Raum für Gestaltungsmöglichkeiten bieten.

Der wichtigste Teil des Mailings: der Zahlschein

Zum Zahlschein muss alles hinführen, ihn muss der potenzielle Spender in die Hand nehmen.

In der Abbildung habe ich die relative Bedeutung der verschiedenen Bestandteile eines Fundraising-Mailings gewichtet. Sehen Sie, wie der Zahlschein an Größe alles überschattet? Wie die anderen Teile zu ihm hinführen? Diese Stufenleiter sollte in Ihren Überlegungen (und vielleicht auch als Fotokopie über Ihrem Schreibtisch) immer präsent sein.

Bestandteile eines Fundraising-Mailings und ihre relative Bedeutung

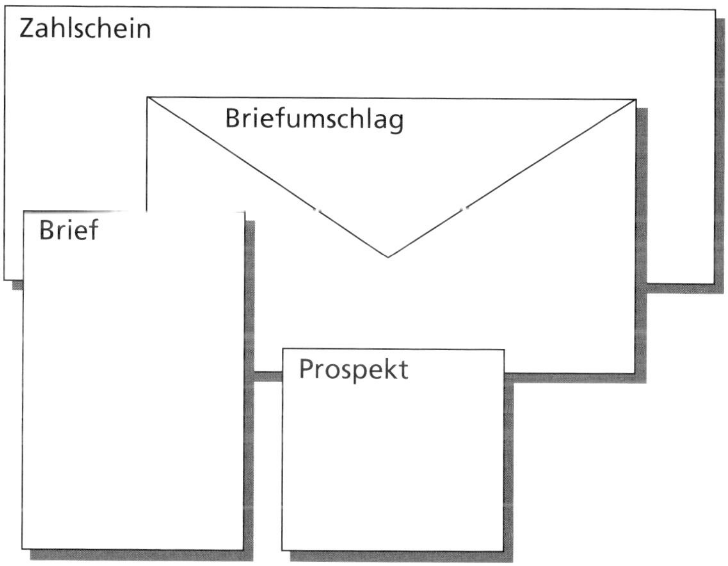

Die folgende Abbildung zeigt, in welcher Reihenfolge der Empfänger die verschiedenen Teile des Mailings betrachtet: Je mehr Teile er ansieht, desto näher kommen Sie dem Erfolg. Auf jeden Fall muss es der Leser bis zum Zahlschein schaffen: Wenn er den Überweisungsträger in die Hand nimmt, ist der Weg zur Spende geebnet.

Lesevorgang Spenden-Aufforderung

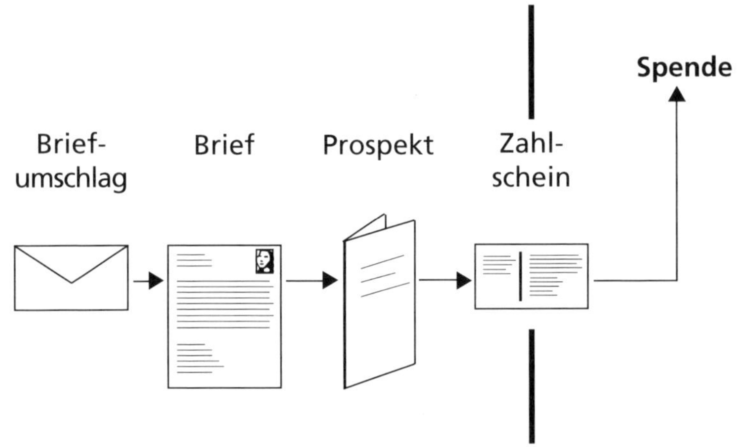

Mit dem Umschlag Aufmerksamkeit wecken

Wenn der Umschlag nicht geöffnet wird, war die ganze Arbeit vergebens. Wenn Sie Ihren Briefkasten leeren, welche Briefe öffnen Sie zuerst? Wahrscheinlich Briefe von Freunden und von Verwandten, das heißt Briefe mit handgeschriebener Adresse und Briefmarke.

Sollten Sie daher versuchen, ein Mailing zu schaffen, das aussieht wie ein persönlicher Brief? Ja und nein. Bleiben wir realistisch: Wie wollen Sie bei einem Versand von mehreren tausend, zehntausend oder hunderttausend Stück Ihrem Mailing eine persönliche Note verleihen? Haben Sie Freiwillige, die Umschläge beschriften, die Briefmarken aufkleben? Oder sind Sie bereit, für das maschinelle Aufkleben der Briefmarken zusätzlich zu zahlen?

Und was denkt der Spender, der meint, ein persönliches Schreiben zu erhalten, wenn er feststellt, dass es sich „nur" um einen „Bettelbrief" handelt? Fühlt er, dass man versucht hat, ihn zu manipulieren, an der Nase herumzuführen? Wenn wir realistisch sind, unterwerfen wir uns den Gesetzen des Massen-Mailings, leben damit und machen das Beste daraus.

Massen-Mailings – wichtige Regeln zur Umschlaggestaltung

Wenn Sie die nachfolgenden Regeln befolgen, sieht Ihr Mailing so privat wie möglich aus und wird doch preisgünstig hergestellt:

- Beschriften Sie die Umschläge handschriftlich oder verwenden Sie Fensterkuverts. Benutzen Sie niemals aufgeklebte Adressen, denn damit haben Sie Ihr Mailing in den Augen des Empfängers als Massenversand gekennzeichnet und disqualifiziert. Für die meisten von uns sind Fensterumschläge aus technischen Gründen notwendig. Das bedeutet, dass die Adresse des Empfängers auf dem Brief oder auf dem Zahlschein (der dann als Adressträger im Fenster sichtbar ist) erscheint.
- Machen Sie deutlich, dass hinter dem Absender der Organisation auch ein Mensch steht: Ergänzen Sie den Namen des absendenden Werkes durch den Namen des Menschen, der den Brief unterschreibt, also zum Beispiel „Humanitag, Dr. Karl Müller".

Wie gestalte ich nun einen Umschlag, der den Empfänger dazu bringt, ihn zu öffnen?

- Erregen Sie die Neugier des Lesers mit einem Satz.
- Fordern Sie die Zustimmung des Lesers heraus.
- Bilden Sie ein Foto, eine Zeichnung, ein beigelegtes Geschenk ab: Ein Bild sagt mehr als tausend Worte.
- Erregen Sie die Neugier des Empfängers durch einen neutralen Umschlag.

Praxis-Tipp:

Heben Sie sich entweder von der Masse ab, wenn Sie als Organisation erkannt werden wollen, oder nutzen Sie die Neugier des Empfängers, indem Sie den Umschlag so anonym wie möglich gestalten.

Wie schreibt man einen Spendenbrief?

Den ersten Sieg haben Sie schon errungen, wenn der Empfänger Ihr Schreiben nicht sofort weggeworfen, sondern geöffnet hat und jetzt damit beginnt, den Brief zu lesen oder wenigstens anzusehen und zu überfliegen.

Der Brief ist der Teil Ihres Mailings, der Gefühle wecken und zu einer Spende ermuntern soll. Das Anschreiben ist ein wichtiger Bestandteil, um den potenziellen Spender dazu zu bringen, zum Zahlschein zu greifen.

Zwölf Erfolgstipps für das optimale Anschreiben

1. Schreiben Sie über Menschen, Dinke, Tatsachen – nicht über abstrakte Konzepte.
2. Schreiben Sie, wie Sie sprechen. Verwenden Sie auf keinen Fall Amtsdeutsch.
3. Formulieren Sie in der „Ich"-Form, als Mensch, nicht als Funktionsträger.
4. Schreiben Sie nicht aus Ihrer Perspektive, sondern versetzen Sie sich in die Lage des Empfängers.
5. Konstruieren Sie Ihren Brief, vom Einstiegsgedanken zum Wesentlichen.
6. Bilden Sie Sätze mit Verben, vermeiden Sie Hilfsverben.
7. Beginnen Sie für jede Idee einen neuen Absatz.
8. Formulieren Sie kurze Sätze, verwenden Sie kurze Wörter.
9. Streuen Sie direkte Fragen und Ausrufe ein.
10. Heben Sie wichtige Passagen optisch hervor.
11. Gestalten Sie Ihren Brief visuell interessant.
12. Vergessen Sie das P. S. als Verstärker der Hauptidee nicht.

Wichtig: Sie wollen etwas vom Leser, nicht umgekehrt! Je länger die Worte und Sätze, desto unzugänglicher erscheint der Inhalt. Finden Sie Worte und Bilder, die das Wesentliche auf einfache Art übermitteln.

Praxis-Tipp:

Formulieren Sie Ihren Brief gut lesbar – kurze Worte, kurze Sätze, kurze Absätze. Heben Sie wichtige Passagen optisch hervor.

Wie bitte ich um Geld?

Vergessen Sie nie: Das Ziel eines Briefes besteht darin, Geld zu beschaffen. Am besten ist es, wenn Sie einen Gegenwert für verschiedene Spendenhöhen erläutern:

- Mit 19,– EUR/SFr finanzieren Sie Kranken eine Haushaltshilfe für eine Stunde.
- Für 25,– EUR/SFr können wir einen jungen Forscher/Studenten für eine Stunde bezahlen.
- Mit 50,– EUR/SFr zahlen Sie einen Monat lang Essen und Schulgeld für ein Kind in Haiti.
- Mit 56,70 EUR/SFr können wir neun Seiten eines Buches konservieren.

Fällt es Ihnen schwer, einen Gegenwert für einen bestimmten Betrag zu finden? Hier sind ein paar exotischere Beispiele:

- Mit 120,– EUR/SFr sind die Unterhaltskosten des Forschungslabors für eine Minute gedeckt.
- Für 21,25 EUR/SFr können wir fünf Bibeln verteilen.
- Für 110,– EUR/SFr kann die Beschriftung in einer Vitrine ersetzt werden.

Diese Beispiele zeigen, dass sich die Betriebskosten fast jeder Organisation in kleine, einleuchtende Summen zerlegen lassen.

Praxis-Tipp:

Vermeiden Sie, immer runde Beträge zu nennen. Genaue Beträge wirken sehr viel realistischer.

Praktische Tipps zum Verfassen des Anschreibens

In der Kürze liegt die Würze

Kurze Wörter und kurze Absätze machen den Brief leicht lesbar. Vergessen Sie nicht: Sie wollen etwas vom Empfänger, nicht umgekehrt. Untersuchungen haben ergeben: Kein Absatz sollte länger als sechs Zeilen sein, kein Wort sollte mehr als drei Silben haben. Andernfalls stolpert der Leser über langatmige, schwerfällige Formulierungen, der Lesefluss wird unterbrochen. Lesen Sie Ihre Texte nochmals durch, und zählen Sie Silben und Zeilen!

Überlaufen des Textes auf die Rückseite

Der letzte Satz auf der ersten Seite sollte mittendrin aufhören und auf der Rückseite fortgeführt werden; vielleicht sogar mitten im Wort auf die nächste Seite springen. Beobachten Sie sich selbst: Es ist fast unmöglich, die Seite nicht zu wenden. Dieses Hilfsmittel ist stärker als der Zusatz „bitte wenden“.

Das Schriftbild

Es sollte eine Serifenschrift verwendet werden, da diese Schriftart besonders lesefreundlich ist. Die erste Zeile jedes Absatzes sollte eingerückt werden, da das Auge so den Beginn des neuen Absatzes leichter wahrnehmen kann. Verwenden Sie keinen Blocksatz, sondern Flattersatz.

Das Postskriptum

Das PS wird oft direkt nach der Anrede gelesen und bleibt im Gedächtnis haften. Nutzen Sie dies, indem Sie dort einen wichtigen Aspekt nennen oder den stärksten Gedanken noch einmal wiederholen.

Mehr Hervorhebungen auf der zweiten Seite

Auf der zweiten Seite lässt die Aufmerksamkeit des Lesers nach, daher müssen Sie hier mehr bieten, um ihn bei der Stange zu halten. Ein komplett eingerückter Absatz, farbliche Hervorhebungen oder eine zusätzliche Unterstreichung können helfen, das Interesse des Lesers aufrechtzuerhalten.

Blaue Unterschrift vom Absender

Sie lächeln und sagen: Das merkt doch jeder, dass diese Unterschrift nur gedruckt ist. Machen Sie den Test: Achten Sie darauf, wenn Sie Post erhalten, wie langweilig eine schwarze Unterschrift wirkt. Es gibt gewisse Bilder, die wir in unserem Bewusstsein gespeichert haben, zum Beispiel, dass uns eine Unterschrift mit Tinte mehr berührt als eine schwarze.

Ansprechende Fotos

Ein weiteres Mittel, um die Aufmerksamkeit des Lesers auf der zweiten Seite aufrechtzuerhalten, ist der Einsatz eines weiteren Fotos, welches den Leser emotional anspricht, beispielsweise das Bild eines Betroffenen.

Formale Kriterien des Anschreibens

Die Länge des Briefes

Bei der Frage nach der Brieflänge scheiden sich die Geister, da jede Gestaltung seine Vor- und Nachteile hat.

Eine Seite

Viele Fundraiser sind der Ansicht, dass der Brief die wichtigsten Argumente kurz und prägnant darstellen sollte; weiterführende Informationen liefert meist ein beiliegender Prospekt.

Ein ungeduldiger Leser kann so auf den ersten Blick erkennen, um was es sich handelt und was der Absender von ihm erwartet. Für Akquise neuer Spender durchaus zu empfehlen!

Zwei Seiten (Vorder- und Rückseite)

Um eine Geschichte überzeugend zu erzählen oder ein Fallbeispiel darzustellen, benötigen Sie Platz. Ein Brief von zwei Seiten ist meiner Ansicht nach Ideal geeignet, um bereits vorhandene Spender anzuschreiben.

Drei oder vier Seiten

Diese Länge ist für weniger einleuchtende Anliegen, die einer längeren Begründung und Vorstellung bedürfen, denkbar. Insbesondere überzeugten und guten Spendern können in einem etwas umfangreicheren Schreiben zusätzliche Informationen über spezielle Projekte geliefert werden. Diese Spender lesen meist bis zum Ende. Einige Experten sind der Ansicht, dass sich ein Anschreiben von drei bis vier Seiten auch für weniger bekannte Organisationen eignen würde.

Manche Fundraiser sind dazu übergegangen, kürzere Briefe an Niedrig- und Seiten-Spender und längere Briefe an die Stamm-Spender zu senden. Dies müssen Sie testen. In meiner Praxis sind die Tests nicht überzeugend genug ausgefallen, als dass sich der Mehraufwand lohnen würde.

Die Unterschrift

Die Unterschrift muss Vertrauen erweckend sein. Daher sollte Ihr Brief leuchtend blau, mit dicker Feder und ruhiger, möglichst leserlicher Schrift unterschrieben sein. Unterhalb der Unterschrift sollte der Name noch einmal in gedruckter Schrift erscheinen.

Seien Sie vorsichtig mit der Wahl des Titels. Günstig sind eher gewöhnliche und „bescheidene" Titel wie beispielsweise „Leiter". Nicht zu empfehlen ist ein Titel wie „Spenden-Beauftragter". Die Funktion des Unterschreibenden sollte in Zusammenhang mit den erklärten Zielen der Organisation und nicht der Geldbeschaffung stehen.

Wichtig: Setzen Sie stets nur eine Unterschrift ein. Zwei Unterschriften wirken zu bürokratisch.

Der Prospekt

Die meisten Organisationen halten die Prospekt-Beilage für den wichtigsten Teil des Mailings. Im Glauben, der Prospekt diene der Selbstdarstellung, wird versucht, möglichst viele Informationen unterzubringen und die Ziele und Aufgaben der Organisation zu veranschaulichen, damit der Spender genau weiß, mit wem er es zu tun hat. Man beschäftigt sich akribisch mit der Formulierung und wählt die Bilder und Grafiken mit extremer Sorgfalt aus.

Und genau darin liegt das Problem: Ein Mailing muss die Zielgruppe ansprechen, um erfolgreich zu sein. Es muss dem Spender gefallen, ihn überzeugen. Eine Selbstdarstellung, aus der Sicht der Organisation geschrieben, ist hier fehl am Platz.

„Nichts zu senden, ist besser, als etwas Unpassendes zu senden", sagen Experten. Testen Sie dies gleich in Ihrem nächsten Mailing!

Ich habe beides erlebt, erfolgreiche Mailings mit und ohne beiliegendem Prospekt. Da die Wirkung des Prospekts stark vom Inhalt und der Auswahl der Bilder abhängt, rate ich Ihnen: Produzieren Sie einen Prospekt nur, wenn Sie wirklich überzeugende Beispiele Ihrer Arbeit und gutes Bildmaterial haben.

Wichtige Tipps zur Prospektgestaltung

- Achten Sie bei der Gestaltung darauf, dass der Prospekt nicht zu umfangreich wird. Wählen Sie keine ausgefallenen Formate, keinen Luxus!
- Der Prospekt sollte insgesamt leserfreundlich sein. Verwenden Sie einen Schriftgrad, der auch für ältere Menschen leicht lesbar ist.
- Sparen Sie nicht am Bildmaterial, insbesondere Fotos von Menschen wirken meist ansprechend. Vermeiden Sie Fotos von Gebäuden oder Geräten. Sogar wenn die Spende für eine Maschine bestimmt ist, sollte diese nur klein, die Menschen aber, denen sie Vorteile bringt, groß dargestellt werden.
- Wählen Sie geeignetes Papier. Der Prospekt sollte nicht luxuriös, aber doch ansprechend aussehen.
- Der Prospekt darf nicht steif oder nüchtern wirken! Ob Sie schwarz-weiß oder farbig drucken, hängt von Ihrem Budget ab.

Wichtig: Prospekte sollten gut verständlich sein und Ihr Anliegen kurz und prägnant vermitteln!

Mailings – wann und wie oft?

5

Der beste Zeitpunkt für Mailings 56

Häufigkeit der Mailings 57

Die Jahresplanung 60

Der beste Zeitpunkt für Mailings

Entscheidend ist der Zeitpunkt, zu dem Sie Ihre Briefe versenden. Insbesondere bei der Akquise neuer Spender spielt der Versandrhythmus eine große Rolle.

Weihnachten hat für Fundraising eine fast magische Bedeutung. Nahezu jede Organisation versendet einen Spenden-Aufruf zu diesem Zeitpunkt. Traditionell war die Weihnachtszeit erfolgreichste Zeit im Jahr, um Geld zu sammeln. Mittlerweile ist jedoch ein Überdruss seitens der Empfänger erkennbar. Bei den „Hauslisten", den Listen der treuen Spender, werden zur Weihnachtszeit nach wie vor gute Erfolge erzielt.

Der zweitbeste Versandtermin liegt Anfang des Jahres. Lassen Sie sich nicht davon beeinflussen, dass beide Daten nahe zusammenliegen. Weihnachten spendet man aus Mitleid und Liebe, zum Jahresbeginn leistet man einen Beitrag für die Arbeit der zu unterstützenden Organisation.

Früher galt es als Binsenweisheit, dass der Hochsommer als Versandtermin nicht geeignet ist. Man ging davon aus, dass Ferien und schönes Wetter die Lust am Lesen und das allgemeine Interesse zügelten. Die Marktforschung von Reisebüros zeigte jedoch, dass ältere Menschen – die den höchsten Spender-Anteil ausmachen – im Juli und August zu Hause bleiben und ihre Ferien in andere Monate verlegen. Ein Mailing zu diesem Zeitpunkt kann sich somit durchaus lohnen. Hinzu kommt, dass das Sommerloch noch weitere Vorteile bietet: In einem fast leeren Briefkasten fällt Ihr Mailing stärker auf.

Praxis-Tipp:

Dieses Beispiel zeigt auch, wie Sie von der Marktforschung anderer Branchen profitieren können. Immer wenn die Altersgruppe ab 50 Jahre erwähnt wird, sollten Sie besonders aufmerksam werden.

Bedenken Sie aber auch, dass sich Menschen und ihre Gewohnheiten ändern und kein ehemals erzieltes Testergebnis endlos gültig ist.

Wichtig: Gerade wenn Sie Ihre erste Mailing-Aktion starten, versuchen Sie nicht, besonders clever zu sein und zu einem Zeitpunkt zu versenden, wenn sonst niemand ein Mailing unternimmt. Die meisten Organisationen haben die Termine gründlich getestet und versenden dann, wenn es sich als lohnend erwiesen hat. Darum folgen Sie in diesem Fall lieber den anderen, als sich auf Experimente einzulassen.

Die wichtigsten Versandtermine:

- Folgende Versandtermine sollten Sie unbedingt wahrnehmen: Jahresanfang (Januar, Februar, März)
- Empfehlenswerte, zusätzliche Versandmonate: Juli/August
- Besondere Termine für Ihre Organisation, ein besonderes Datum im Jahr, das sich für Spendenaufrufe anbietet oder beispielsweise ein Jubiläum, eine Tagung zum Thema.

Beispiele:

- Eine Tierschutz-Organisation verschickt ein besonders erfolgreiches Mailing im Juni, kurz vor der Ferienzeit, wenn viele Menschen ihre Tiere aussetzen, weil sie in Urlaub fahren.
- Ein Hilfswerk, das sich für Obdachlose einsetzt, sammelt verstärkt zu Beginn und während des Winters Spenden, weil die Spender die Probleme der Obdachlosen zu dieser Jahreszeit viel leichter nachvollziehen können.

Praxis-Tipp:

Den für Ihre Organisation geeigneten Versandtermin, besonders für Spendenwerbung, können Sie leicht selbst herausfinden: Verschicken Sie den gleichen Brief zu verschiedenen Daten und vergleichen Sie die Ergebnisse.

Häufigkeit der Mailings

Akquisitions-Mailings

Das Ziel einer Kaltakquise ist die Gewinnung neuer Adressen, die in die Stammdatei Ihrer Spender aufgenommen werden können. Ihre Organisation gewinnt neue Namen und Adressen von Personen, die Sie dann wieder um eine Spende bitten können.

„Kalte Listen" sollten Sie immer zuerst antesten, um zu sehen, ob sie sich für Ihre Organisation eignen. Im Allgemeinen beträgt die Mindestabnahmemenge 5 000 Adressen.

Wenn der Test erfolgreich war, können Sie die Testmenge vergrößern. Springen Sie jedoch nicht gleich von 5 000 auf 100 000 Stück, sondern testen Sie in einem zweiten Lauf etwa 20 000 an. Erst in einem dritten Lauf kann man riskieren, wirklich große Mengen zu versenden, einen „Roll-out" durchzuführen. Im Allgemeinen macht man die Testläufe zu Beginn des Jahres und vergrößert die Mengen dann im Lauf des Jahres.

Können kalte Adressen mehr als einmal verwendet werden?

Im Allgemeinen ja, denn die Empfänger vergessen nach einer gewissen Zeit, dass sie von Ihnen Post erhielten. Außerdem erreichen Sie auch neue Adressaten – wenn die Liste gut gepflegt ist.

Sollten Sie ein zweites Mailing an Nicht-Reagierer senden?

Auch das kann sich lohnen. Die Erfahrung zeigt aber, dass die Ergebnisse stark variieren. Sie sollten ein zweites Mailing vorsichtig antesten. Sie müssen in diesem Fall nicht unbedingt ein neues Mailing versenden. Es genügt, wenn Sie das ursprüngliche Mailing mit einem Zusatz im Sinne von „Wir brauchen Ihre Hilfe noch immer" versehen.

Mailings an die „Hausliste"

Wenn Sie die „Hausliste" einsetzen, schreiben Sie an Menschen, die bereits mindestens einmal an Ihre Organisation gespendet haben. Vielleicht haben Sie die Adressen bei einer Veranstaltung gesammelt, vielleicht stammen sie auch aus einem anderen Versand.

Bei einem Mailing an diese Spender sollen sich die vorherigen Anstrengungen zur Gewinnung neuer Spender auszahlen. Hier gilt es, die für Ihre Organisation lebensnotwendigen finanziellen Mittel zu sammeln.

Kann man jemanden, der bereits gespendet hat, mehr als einmal, zweimal, dreimal oder gar viermal ansprechen und um Geld bitten?

Man kann! Erfahrungen aus den Vereinigten Staaten zeigen, dass man bis zu zwölfmal im Jahr an seine Spender schreiben kann. Auch wenn wir in Europa von solcher Häufigkeit noch entfernt sind, hat es sich doch herumgesprochen, dass sich mehrere Ansprachen lohnen.

Bei einer mehrmaligen Ansprache ist zu beachten:

- Die wichtigste Regel: Wer Ihnen schon gespendet hat, wird es wieder tun. Wenn Sie Ihre Spender über einen Zeitraum (mindestens zwei Jahre) beobachtet haben, können Sie eine Gruppe von „Super-Spendern" herausfiltern, die Sie besonders oft ansprechen können.
- Die meisten Spender können sie zwei- bis dreimal im Jahr anschreiben. Häufiger sollten Sie sich nur an ausgewählte Spender wenden.
- Betonen Sie, dass Sie mit den einzelnen Anschreiben nicht nur um Geld bitten, sondern die Spender auch über den Erfolg Ihrer Hilfsaktionen und somit den Verbleib der Spenden informieren wollen.
- Wenn sich die Empfänger über zu häufige Spenden-Appelle beschweren, bieten Sie an, nur ein- oder zweimal pro Jahr Post zu senden. Aber machen Sie dieses Angebot nur, wenn es verlangt wird und Sie technisch dazu in der Lage sind, und unterbreiten Sie es nicht grundsätzlich allen Spendern.

Analysieren Sie die aus den Rückläufen gewonnenen Daten

Erstellen Sie Ihre eigene Datei über die Spenden-Höhe und das Eingangsdatum der Spende der einzelnen Gönner. Diese Datei können Sie nach zwei Jahren auswerten.

Fassen Sie die Spender mit ähnlichem Spenden-Verhalten zu Gruppen zusammen und berücksichtigen Sie in Zukunft die einzelnen Verhaltensweisen. Schicken Sie zum Beispiel der Gruppe von Spendern, die jeweils zum Jahresanfang eine höhere Summe spendet, weiterhin das Jahresanfangs-Mailing, aber nur wenige weitere Briefe.

Mailings mit geringem Aufwand

Erscheint Ihnen das alles zu viel oder sind Sie noch nicht so weit? Dann berücksichtigen Sie die folgenden Versandtermine:

- Wenn Sie nur zweimal im Jahr versenden wollen, wählen Sie den Beginn des Jahres und Weihnachten. Diese beiden sind für Hauslisten erfahrungsgemäß die am besten geeigneten Zeitpunkte.

- Wenn Sie dreimal im Jahr versenden wollen, wählen Sie die ersten beiden Monate des Jahres, die Vorweihnachtszeit sowie August oder September.

Die Jahresplanung

Zur Planung und Produktion eines Mailings brauchen Sie sicher mehr Zeit als geplant, besonders wenn Sie keine und nur sehr wenig Erfahrung in diesem Bereich haben.

Am besten planen Sie insgesamt zwei Monate für die eigentliche Produktion, zuzüglich der Vorbereitungszeit wie Formulieren der Texte, Grafik usw. ein. Natürlich kann man auch in drei Wochen oder einem Monat ein komplettes Mailing fertig stellen – jedoch sollten Sie die Vorbereitungszeit nur in Notsituationen so kurz bemessen.

Lassen Sie sich Zeit! Planen Sie zusätzlich Zeitpuffer für Pannen und unvorhergesehene Probleme ein. Nichts ist schlimmer als ein „zusammengeschustertes", unter Zeitdruck entstandenes Mailing, bei dem Sie das Wesentliche – die Aussage des Mailings – nicht ausreichend vorbereiten konnten, weil technische Probleme Sie behinderten und ablenkten.

Wenn Sie mit der Herstellung von Mailings noch keine Erfahrung haben, beachten Sie insbesondere:

- Informieren Sie sich zuerst über die technischen Details: Holen Sie Angebote bei verschiedenen Druckereien und Lettershops ein. Vergleichen Sie die Angebote und besuchen Sie ein oder zwei Anbieter, die Ihnen geeignet erscheinen. Dabei kommt es nicht nur auf den Preis an. Sie müssen den Eindruck haben, dass der Anbieter Personal hat, das kompetent und Ihnen sympathisch ist.
- Erstellen Sie einen Zeitplan für die Abwicklung und Herstellung Ihres Mailings und legen Sie das Versanddatum fest.
- Wenn die technischen Entscheidungen gefallen sind, schätzen Sie ab, wie viel Zeit Sie für die „kreative" Arbeit brauchen.

Die Vor- und Nachbereitung eines Mailings

Der nächsten Übersicht können Sie entnehmen, welche einzelnen Arbeitsschritte die Planung und der Versand eines Mailings beinhalten.

Planung und Versand eines Mailings

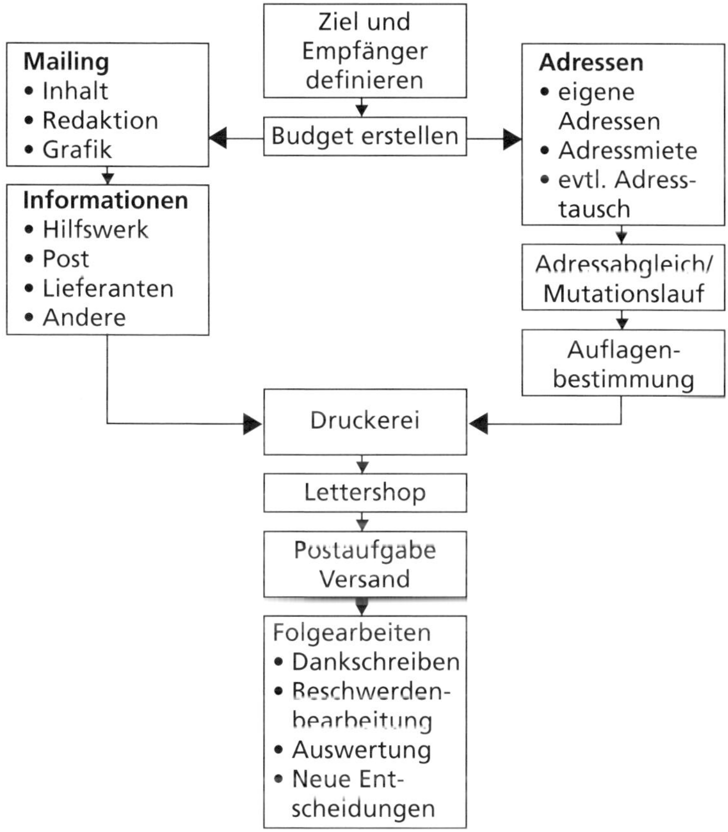

Empfehlung für Einsteiger

Für Neueinsteiger empfehle ich folgende Jahresplanung:

Zeitpunkt	Aktivität
Sommer	▪ Vorbereiten eines kalten Mailings an potenzielle neue Spender ▪ Falls schon Spender-Adressen vorhanden sind: Vorbereiten eines Mailings
Herbstbeginn	▪ Test-Versand an neue Adressen ▪ Test-Versand an eigene Adressen
Vorweihnachtszeit	▪ Mailing-Versand an potenzielle Spender ▪ Mailing-Versand an die eigenen Adressen
Folgemonate	▪ Analyse der Ergebnisse ▪ Vorbereiten eines neuen Test-Mailings
Jahresbeginn	▪ Versand des neuen Test-Mailings ▪ Versand an eigene Adressen

Was kosten Mailings?

6

Die Kostenplanung 64

Geld sparen:
Post- und Versandvorschriften kennen . 64

Sparmöglichkeiten
beim Materialeinkauf 65

Aus Erfahrungen anderer
Organisationen lernen 68

Die Kostenplanung

Mailing-Kosten sind in erster Linie von folgenden drei Faktoren abhängig:

- Auflage: Je mehr Mailings Sie drucken, desto billiger wird das einzelne Mailing, desto höher werden aber auch die Gesamtkosten. Gleichzeitig erhöht sich mit steigender Auflage das finanzielle Risiko.
- Ausstattung des Mailings: Je mehr Bestandteile, je luxuriöser die Ausstattung, je mehr Personalisierungen Ihr Mailing hat, desto höher sind Ihre Kosten.
- Adress- und Portokosten.

Vor dem Start die Kosten kalkulieren

- Mehrere Angebote für alle Bestandteile des Mailings einholen.
- Sorgfältig die Kosten in Abhängigkeit von der Auflagenhöhe überprüfen: Es kann sein, dass für Sie der Versand von 10 000 Mailings wesentlich günstiger ist als der Versand von 9 700. Sowohl die Post als auch viele Lieferanten legen bei der Rechnungsstellung gestaffelte Preislisten zugrunde.
- Nicht vergessen: Bei der Nachbearbeitung des Mailings fallen ebenfalls Kosten an, beispielsweise für Dankschreiben.

Geld sparen: Post- und Versandvorschriften kennen

Wenn Sie die Staffelungen bei den Postgebühren beachten, können Sie ebenfalls Geld sparen. Für die Portokosten sind außerdem das Gewicht Ihres Mailings und das Ausmaß der von Ihnen geleisteten Vorarbeiten wichtig.

Es zahlt sich aus, sich über die Versandvorschriften zu informieren, denn die Ersparnisse können enorm sein. Vergessen Sie auch nicht, rechtzeitig – bevor Sie Aussehen und Inhalt/Beilagen Ihres Mailings festlegen – alle Postvorschriften betreffend Format, Position der Fenster usw. genau zu überprüfen.

Kostenplanung für „kalte Mailings"			
Bestandteil	**Stückpreis**	**Preis pro Tausend**	**Prozent vom Budget**
Druck			
▪ Umschlag			
▪ Brief			
▪ Prospekt			
▪ Zahlschein			
▪ evtl. Geschenk			
▪ anderes			
Gesamtsumme Druck			
Grafiker			
Adressmiete			
Adressabgleich			
Schneiden, Falzen			
Verpacken			
Postaufgabe			
Porto			
unfrankierte Rückläufe			
Dankschreiben			
Gesamtkosten			

Beim Versand an Ihre eigenen Adressen entfallen die Posten Adressmiete und Adressabgleich.

Sparmöglichkeiten beim Materialeinkauf

Mengenrabatte nutzen

Unter Umständen können Sie beispielsweise die Umschläge schon im Voraus für das ganze Jahr bestellen. Dabei sollten Sie aber bedenken, dass Sie dann ein Jahr lang die gleichen Umschläge verwenden müssen und somit keinen Spezialversand mehr machen können. Wenn Sie neu im Geschäft sind, sollten Sie derartige Großbestellungen nur mit Vorsicht tätigen.

Produktionstechnische Varianten

Erkundigen Sie sich, bevor Sie in die detaillierte Planung Ihres Mailings einsteigen, welche produktionstechnischen Varianten gängig und möglich sind. Die folgenden Abbildungen zeigen Ihnen, welche Formate und Falzarten üblich sind.

Papierformate A-Reihe		Kuvertformate B-Reihe		Kuvertformate C-Reihe	
A3	297 x 420 mm	**B3**	500 x 353 mm		
A4	210 x 297 mm	**B4**	353 x 250 mm	**C4**	324 x 229 mm
A5	148 x 210 mm	**B5**	250 x 176 mm	**C5**	229 x 162 mm
A6	105 x 148 mm	**B6**	176 x 125 mm	**C6**	162 x 114 mm
A6/5	210 x 105 mm			**C6/5**	224 x 114 mm
A7	74 x 105 mm	**B7**	125 x 88 mm	**C7**	114 x 81 mm
A8	52 x 74 mm	**B8**	88 x 62 mm	**C8**	81 x 57 mm
A9	37 x 52 mm	**B9**	62 x 44 mm		
A10	26 x 37 mm	**B10**	44 x 31 mm		
A11	18 x 26 mm				

Sie können beispielsweise Kosten sparen, wenn Sie bei der Wahl der Falzart Ihres Prospekts an die anschließende Kuvertierung denken. Nicht jede Falzart kann maschinell verpackt werden.

Falzarten

Einbruchfalz

A5 auf A6
A4 auf A5
A3 auf A4

Fensterfalz

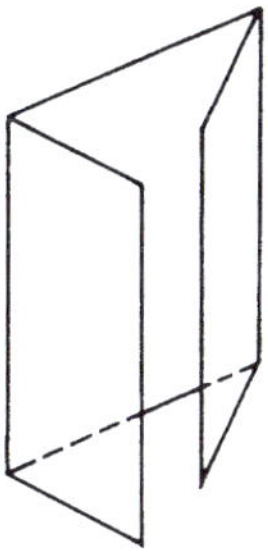

Kreuzfalz

A4 auf A6
A3 auf A5

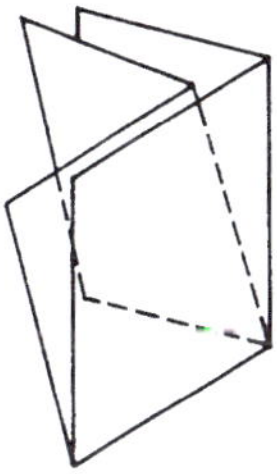

mehrfach parallel

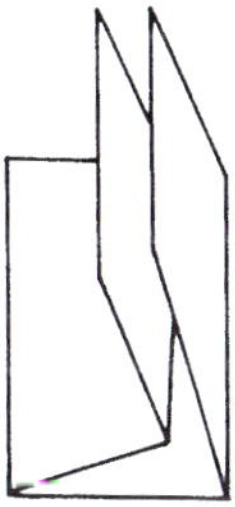

Wickelfalz

A4 auf A6/5

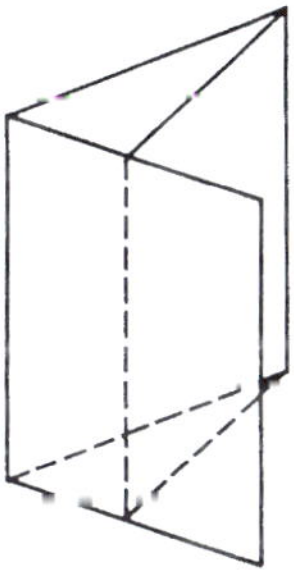

mehrfach parallel

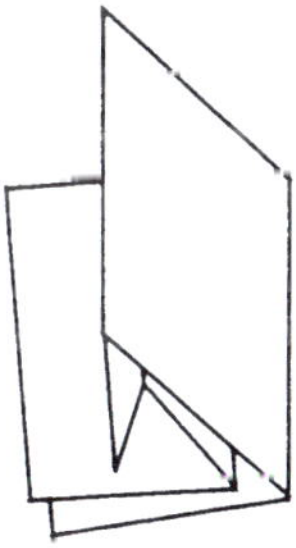

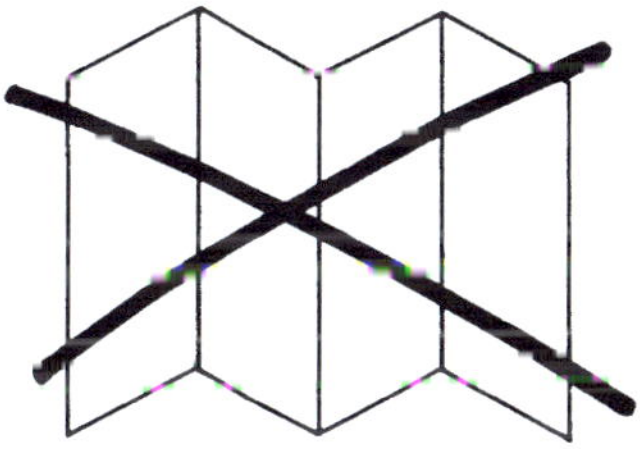

Leporellofalz
(maschinell nicht kuvertierbar)

mehrfach kreuz und parallel

Aus Erfahrungen anderer Organisationen lernen

Wenn Sie mit Direct Mail beginnen, benötigen Sie Geld zur Gewinnung neuer Adressen. Die erste Auflage sollte nicht zu klein sein, damit die Kosten sich noch vertreten lassen, aber auch nicht so groß, dass Sie Ihr Geld schon im Anfangsstadium ausgegeben und dann keine Möglichkeit mehr haben, das Gelernte anzuwenden.

Was machen andere Fundraiser? Große Organisationen von nationalem Interesse und nationaler Bedeutung mit Erfahrung auf dem Gebiet des Direct Mail-Fundraisings versenden jedes Jahr Millionen von kalten Mailings. Sie können die Ausgaben hierfür verantworten, weil sie entweder bei kalten Mailings kostendeckend arbeiten oder aus Erfahrung wissen, dass die Versand-Aktionen an die mit Verlust gewonnenen Adressen so viel Geld einbringen, dass sich anfängliche Verluste vertreten lassen.

Kleine Mailings – große Wirkung!

Die kleinste Organisation, die ich kenne, verschickte ein Mailing an ihre 100 Fördermitglieder. Diese wurden gebeten, 100,– SFr zu zahlen, ein mit dieser Summe bereits ausgefüllter Einzahlungsschein lag dem Anschreiben bei.

Ergebnis: 89 der Angeschriebenen zahlten und fast alle überwiesen die vorgeschlagene Summe.

Welche Faktoren beeinflussen das Spendenverhalten?

7

Wie sinnvoll sind Tests? 70

Was soll getestet werden? 71

Beispiel-Test: Briefmarke und handschriftliche Adresse 75

Wie sinnvoll sind Tests?

Als Fundraiser lernt man sehr schnell, dass Änderungen im Text, in der Grafik, Änderungen des Versanddatums oder auch des Empfängerkreises das Ergebnis eines Mailings beeinflussen können. Dies ist nicht weiter schlimm; problematisch ist jedoch, wenn man keine Erklärungen für Veränderungen im Rücklauf und damit für die unterschiedlichen Erfolge einzelner Mailings findet.

Die einzige Möglichkeit, die Fundraiser haben, um sich vor den schlimmsten Irrtümern und Misserfolgen zu schützen, sind Tests. Diese sind meist nicht billig, Misserfolge sind jedoch häufig noch teurer. Die drei nachfolgenden Regeln helfen Ihnen, Tests gezielt für Ihre Zwecke zu nutzen.

Folgende Punkte unbedingt testen

Es gibt drei wichtige Punkte im Fundraising mit Direct Mail, die laufend überprüft und getestet werden müssen:

1. Qualität der Adressen
2. Akzeptanz der inhaltlichen und optischen Gestaltung des gesamten Mailings
3. Aufmerksamkeitswert des Briefumschlags

Daneben ist das Testen aller anderen Faktoren nur von relativer Wichtigkeit. Es lohnt sich, regelmäßig zu testen!

Vor dem Test klären

Grundsätzlich müssen Sie sich vor jedem Test folgende drei Fragen stellen:

1. Wie viel mehr bringt die geplante Veränderung?
2. Was kostet der Test?
3. Was kostet es, die Veränderung zu implementieren?

Die Hoffnung aller Fundraiser ist es, durch Testen das „perfekte" Mailing zu erarbeiten und dadurch bei Versandaktionen das Risiko des Misserfolgs zu minimieren. Leider funktioniert das in der Praxis meist nicht.

Testergebnisse kritisch beurteilen

1. Die externen Bedingungen verändern sich zwischen dem Moment, in dem Sie testen, und dem Zeitpunkt, an dem Sie das getestete Mailing in großer Zahl auf den Markt bringen.
2. Es gibt so viele Einflussfaktoren, die getestet werden könnten – von den einzelnen Bestandteilen des Mailings bis hin zur Adressliste –, dass Sie die gesamten Spenden-Einnahmen einsetzen müssten, um alles zu testen.
3. Ein Test muss statistisch signifikante Ergebnisse bringen, damit er wiederholbar ist. Oft ist die Testmenge dazu allerdings zu gering, so dass das Ergebnis nicht repräsentativ und somit nicht verallgemeinerbar ist.

Wichtig: Sie sollten trotz dieser Einschränkungen testen, um Risiken zu minimieren und Fortschritte zu machen, ohne den Etat der Organisation zu riskieren.

Was soll getestet werden?

Tests sind nicht nur großen Organisationen mit Hunderttausenden von Adressen vorbehalten – schon ab 10 000 Adressen können Sie testen. Bei kleineren Testmengen können Sie allerdings jeweils nur eine oder zwei Veränderungen gleichzeitig einer Prüfung unterziehen.

Wenn Sie noch am Anfang ihres Mailing-Programms stehen oder sich vorgenommen haben, viele Einflussfaktoren zu untersuchen, werden sich diese Tests über einen längeren Zeitraum hinziehen.

Wichtig: Lassen Sie sich durch das Testen nicht vom Wesentlichen abhalten: Ihre Mailings zu verschicken, um dadurch möglichst viele Gelder zu sammeln.

Testinhalt sollte sein:

- Die Adresslisten, also die Qualität und Herkunft der Adressen
- Die vorgeschlagene Spenden-Höhe
- Die Akzeptanz eines beiliegenden Geschenks oder die Ankündigung eines späteren Geschenks

- Die Akzeptanz anderer Aktivitäten neben dem eigentlichen Spenden-Aufruf (zum Beispiel das Ausfüllen eines Fragebogens, Versenden einer Postkarte)
- Ein neues Mailing in einem anderen Stil oder einer anderen Aufmachung, die Akzeptanz der inhaltlichen und optischen Aufmachung des gesamten Mailings
- Der Aufmerksamkeitswert des Umschlags, neue Formate

Für einzelne Organisationen könnten auch nachfolgende Testinhalte noch sinnvoll sein:

- Text des Anschreibens
- Format des Mailings
- Zeitpunkt des Versands
- Briefmarke oder Stempel
- Unterschrift oder Empfehlung einer bekannten Person

Eine vorgeschlagene Spenden-Höhe testen

Im Falle der Akquise von neuen Spendern zu Beginn testen, wie hoch die „Einstiegssumme" für Spender ist, und überlegen, ob es für Ihre Organisation besser wäre, viele Niedrig-Spender oder wenige Hoch-Spender zu haben.

Zu diesem Zweck sollten Sie identische Mailings verwenden und lediglich die vorgeschlagenen Spenden-Höhen variieren. Auf diese Weise können Sie sich an die für Ihre Organisation ideale Spenden-Höhe herantasten.

Runde Summen

Normalerweise schlägt man Beträge vor, die dem „natürlichen Spenden-Empfinden" entsprechen. Erfahrungsgemäß haben Menschen die Tendenz, runde Summen zu geben, das heißt Beträge von 10,–, 20,–, 25,–, 50,–, 75,– oder 100,– EUR/SFr.

Niedrigere Beträge

Das Vorschlagen niedrigerer Beträge als die oben genannten empfiehlt sich, wenn Sie dafür einen Gegenwert anbieten können.

Beispiel: „Für 19,50 EUR/SFr können drei Kinder geimpft werden."

Der Spender hat dann das Gefühl, dass Sie preisgünstig arbeiten, denn der erforderliche Spenden-Betrag liegt unter seinem „normalen" Spenden-Empfinden von 20,– EUR/SFr.

Höhere Beträge

Es empfiehlt sich, höhere Beiträge vorzuschlagen, wenn ein Spender bereits seit einiger Zeit eine bestimmte Summe spendet. Auf diese Weise können Sie versuchen, den Spender auf das nächsthöhere Spendenniveau zu bringen.

Wenn er beispielsweise bis jetzt immer 20,– EUR/SFr gespendet hat, bitten Sie ihn um einen Betrag, der geringfügig höher ist, aber nicht über der nächsten „psychologischen Barriere" liegt. Günstig wären in diesem Fall 25,– EUR/SFr. Besonders interessant ist dieses Vorgehen bei höheren Beträgen, da hier die Abstände zwischen den psychologischen Barrieren ebenfalls größer werden.

Der Text des Anschreibens

Den Mailing-Text können Sie über einen Bewertungsbogen testen. Machen Sie sich Kopien des nachfolgenden Fragebogens, und verteilen Sie diesen bei jedem Mailing zusammen mit einem Exemplar des Anschreibens an Kollegen, Freunde und konstruktive Kritiker.

Anschließend werten Sie die ausgefüllten Bewertungsbogen aus. Viele Kreuze im rechten Bereich zeigen, dass der Brief den wichtigsten Anforderungen entspricht. Je mehr Kreuze auf der rechten Seite angesiedelt sind, desto höher sind die Erfolgschancen Ihres Anschreibens. Erreicht der Brief die richtigen Adressen, sind die Chancen für ein erfolgreiches Mailing sehr hoch.

Wurden mehr als ein Viertel der Kreuze im linken Bereich eingetragen, sollten Sie den Brief überarbeiten.

Erhält Ihr Mailing-Text eine mittlere Punktzahl zwischen 45 und 60, ist das Ergebnis nicht eindeutig. Sie sollten sich die Bewertungsbögen näher ansehen und die kritischen Stellen heraussuchen. Modifizieren Sie diese und testen Sie erneut.

Checkliste: Bewertung des Anschreibens					
Bitte lesen Sie die folgenden Fragen und kreuzen Sie an, was am ehesten auf Sie zutrifft.	trifft überhaupt nicht zu	trifft eher nicht zu	weiß nicht	trifft eher zu	trifft voll zu
1. Emotionale Intensität des Briefes: Ist der Text mitreißend?	☐	☐	☐	☐	☐
2. Ist das Problem klar und „menschlich" beschrieben?	☐	☐	☐	☐	☐
3. Wird eine für Sie akzeptable Problemlösung angeboten?	☐	☐	☐	☐	☐
4. Gibt es eine Geschichte oder ein Fallbeispiel?	☐	☐	☐	☐	☐
5. Gibt es für den Spenden-Appell eine detaillierte Begründung?	☐	☐	☐	☐	☐
6. Wird dem Spender gedankt?	☐	☐	☐	☐	☐
7. Wird erklärt, warum zu diesem Zeitpunkt gespendet werden soll?	☐	☐	☐	☐	☐
8. Gibt es konkrete Beispiele, was die verschiedenen Spenden-Summen bewirken können?	☐	☐	☐	☐	☐
9. Gibt es ein P. S., in dem der Spenden-Appell verstärkt wird?	☐	☐	☐	☐	☐
10. Empfinden Sie den Text leicht lesbar?	☐	☐	☐	☐	☐
Enthält er:					
Kurze Absätze	☐	☐	☐	☐	☐
Kurze Worte	☐	☐	☐	☐	☐
Kurze Sätze	☐	☐	☐	☐	☐
Wenig Fremdworte und Fachjargon	☐	☐	☐	☐	☐
Unterstreichungen/ Hervorhebungen	☐	☐	☐	☐	☐

noch: Checkliste: Bewertung des Anschreibens

11. Wenn ein Prospekt beiliegt:					
Erhöht er Ihren Wunsch zu spenden?	☐	☐	☐	☐	☐
Haben Sie das Gefühl, dass der Prospekt von einer möglichen Spende ablenkt?	☐	☐	☐	☐	☐
Finden Sie die Informationen im Prospekt überzeugend?	☐	☐	☐	☐	☐
12. Wenn ein Geschenk beiliegt:					
Fördert es die Spende?	☐	☐	☐	☐	☐
Haben Sie das Gefühl, es lenkt Sie von einer möglichen Spende ab?	☐	☐	☐	☐	☐
Bitte geben Sie diesen Fragebogen zur Auswertung zurück!					

Beispiel-Test: Briefmarke und handschriftliche Adresse

Ziel des Tests war festzustellen, ob sich eine Briefmarke und handschriftliche Adressen auf dem Briefumschlag positiv auf den Rücklauf auswirken.

Die 2 000 besten Spender eines Hilfswerks wurden als Testgruppe ausgewählt. 1 000 von ihnen erhielten das „normale" Mailing: normaler Briefumschlag mit Sichtfenster, in dem die maschinengeschriebene Adresse zu sehen ist. Die anderen 1 000 erhielten ein „persönlicheres" Mailing in Form eines geschlossenen Briefumschlags, von Hand adressiert und mit einer Briefmarke versehen.

Testergebnis: Von Hand adressierter Umschlag mit Briefmarke

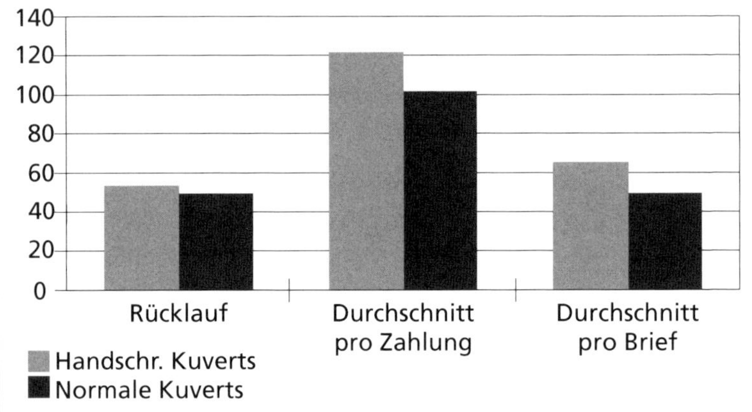

Das Ergebnis fiel eindeutig zugunsten des persönlichen Anschreibens aus: In dieser Gruppe zahlten die Spender durchschnittlich 18,– EUR/SFr mehr.

Fazit: Trotz des verhältnismäßig großen Aufwandes beim Beschriften und Bekleben des Umschlags hat der Test gezeigt, dass sich dieses Vorgehen für diese Organisation lohnt.

Der Zyklus eines Spender-Lebens

8

Langfristig planen 78

In die Zukunft investieren 78

Die Spenden-Leiter 78

Die Spender-Pyramide 81

Langfristig planen

Langfristige Planung ist unerlässlich für ein Direct Mail-Programm, um Kosten und Einnahmen in den Griff zu bekommen und eine verlässliche, voraussehbare Einnahmequelle zu schaffen.

Die Wahrscheinlichkeit ist groß, dass vieles nach einigen Jahren anders kommt, als Sie es geplant haben. Dennoch müssen Sie anfänglich planen, um sich zu zwingen, Ihre Aktionen und Finanzen genau zu durchdenken.

Beachten Sie stets:

- Wenn Sie kurzfristig Geld brauchen, sind kalte Mailings nicht geeignet.
- Wenn Sie Ihre eigenen Adressen (Hausliste) nicht mehrmals im Jahr kontaktieren wollen oder dürfen, lassen Sie die Finger von Direct Mail, denn ein Brief pro Jahr genügt nicht, um ein vertretbares Kosten-Nutzen-Verhältnis zu erzielen.

In die Zukunft investieren

Im ersten Jahr seines Bestehens erbringt Ihr Mailing-Programm unter Umständen nicht viel Reingewinn. Das erste kalte Mailing bedeutet vielleicht sogar einen Verlust. Bedenken Sie aber, dass Sie in der Investitionsphase sind.

In der Folgezeit wird sich Ihr Spenden-Aufkommen signifikant erhöhen, weil die Spender auf Ihrer Hausliste regelmäßig geben werden. Nach spätestens drei Jahren sollten Sie in der Lage sein, verlässlich zu budgetieren, mehr noch: Sie sollten fähig sein, Expansionspläne Ihrer Organisation oder neue Projekte auf ihre Finanzierbarkeit hin zu beurteilen.

Wichtig: Ihre Spender-Kartei muss laufend analysiert, überprüft und unterhalten werden. Sie müssen mehrmals im Jahr – nach jedem Versand – die Ergebnisse auswerten, unrentable Adressen ausmerzen und durch rentable ersetzen. Gehen Sie davon aus, dass mindestens 25 Prozent der neu gewonnenen Spender nur ein einziges Mal zahlen. Bei manchen Organisationen steigt diese Zahl sogar auf 55 Prozent.

Die Spenden-Leiter

In einem gut geplanten und sorgfältig durchgeführten Mailing-Programm steigt der Spender mit jeder neuen Spende auf der Spenden-

Leiter eine Sprosse höher: Vom Neu-Spender wird er zum treuen Spender, dann zum Hoch-Spender oder sogar zum Erblasser.

In der Praxis läuft dies folgendermaßen:

Der Spender erklimmt eine Sprosse nach der anderen. Ihre Aufgabe ist es, ihm von einer Sprosse zur nächsten zu helfen.

Neu-Spende

In dieser schwierigsten und teuersten Phase versuchen Sie in der Gesamtbevölkerung diejenigen zu finden, die bereit sind, Ihre Organisation zu unterstützen.

Bestätigungs-Spende

Die Neu-Spender spenden ein weiteres Mal. Man rechnet leider damit, dass von 100 Neu-Spendern nur zwischen 45 und 75 Prozent wieder spenden und Freunde Ihrer Organisation werden.

Wiederholungs-Spende

Zwischen 30 Prozent und 60 Prozent der Spender in Ihrer Kartei sollten einmal im Jahr spenden, wenn Sie in geeigneter Form bitten. Einige spenden mehrmals jährlich.

Mehrjährige Spenden

Beobachten Sie Ihre Spender über mindestens zwei Jahre, und analysieren Sie das Spenden-Verhalten. Erfolgen die Spenden als Reaktion auf bestimmte Themen oder zu bestimmten Zeiten? Sind es größere oder kleinere Beträge?

Regelmäßige, höhere Spenden

Ein Teil Ihrer Spender sollte in ein regelmäßiges Spender-Programm eingebunden werden. Das werden wahrscheinlich nur wenige, aber sehr treue Spender sein. Am besten ist es, wenn Sie für diese Spender ein automatisches Abbuchungsverfahren vorsehen.

Hoch-Spende

Größere Spenden und Beiträge für spezifische Projekte können Sie im besten Fall von etwa 3 Prozent Ihrer Spender erwarten. Derartige größere Spenden kosten jedoch viel Arbeit: Briefe reichen in diesem Fall nicht mehr aus, stattdessen sollten Sie persönlichen Kontakt aufbauen, beispielsweise über Hausbesuche und Telefonate.

Testament

Die höchste Sprosse auf der Spenden-Leiter nehmen Spender ein, die das Hilfswerk in Ihrem Testament bedenken. Derzeit gibt es allerdings nur wenige Organisationen, die einen Spender derart zielbewusst ein Leben lang begleiten und Legatprogramme führen.

Die Spenden-Leiter

Die Spender-Pyramide

Für Ihre langfristige Planung ist es wichtig zu wissen, auf welcher Sprosse der Spenden-Leiter sich Ihre Spender befinden. Diese Einschätzung ermöglicht Ihnen, Überlegungen über den Wert Ihrer Adressen und damit über das Einkommen Ihrer Organisation in den kommenden Jahren anzustellen.

Versuchen Sie, die beiden folgenden Pyramiden mit Zahlen zu versehen: Wie viele Ihrer Spender gehören auf der linken Pyramide in die breite Basis und wie viele in die anderen Segmente?

Die Spender-Pyramide

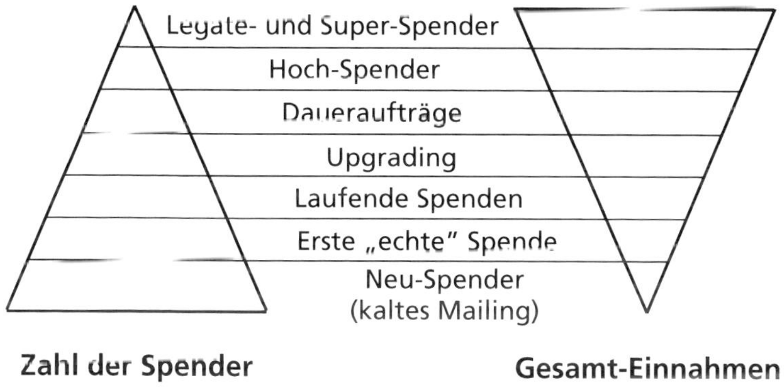

Der italienische Nationalökonom Pareto hat eine allgemeine Theorie für ökonomische Vorgänge aufgestellt, nach der 80 Prozent der Kunden lediglich 20 Prozent des Umsatzes ausmachen. Daraus folgt, dass nur 20 Prozent der Kunden 80 Prozent des Umsatzes bringen.

Die Kernaussage dieser Theorie gilt auch für Spenden: Viele Klein-Spender bringen wenig Einnahmen, während wenige Hoch-Spender den Hauptanteil der Einnahmen liefern.

Sie können Ihre guten Spender gar nicht genug hegen und pflegen. Nehmen Sie sich aber nicht zu viel vor: Anfangs sollten Sie all Ihre Bemühungen daran setzen, viele Spender zu gewinnen; die Höhe der Spende spielt dabei nur eine untergeordnete Rolle. Im Laufe der Zeit sollten Sie jedoch eine gewisse Anzahl Ihrer Spender in die oberen Bereiche der Spenden-Leiter bringen.

Je breiter der Sockel oder das Fundament Ihrer Spender-Pyramide ist, desto größer ist die Chance, auch in den oberen Segmenten Ihrer Pyramide mehr Erfolg zu haben, was sich wiederum positiv auf Ihre Einnahmen auswirkt.

Praxis-Tipp:

Entwickeln Sie ein langfristiges Programm, das Ihnen hilft, diejenigen Spender zu identifizieren, die öfter und größere Summen spenden können und wollen, und pflegen Sie diese Kontakte.

Wichtig: Es ist verlockend, jemanden, der eine größere Summe gespendet hat, sofort zu kontaktieren, um ihn zu einer weiteren Spende zu ermuntern. Warten Sie auf den richtigen Zeitpunkt, bevor Sie wieder an den Spender herantreten, denn nichts ist schlimmer, als zu schnell um zu große Beträge zu bitten!

Spender langfristig binden

9

Dankschreiben 84

Rundbrief und Spender-Zeitschrift 86

Dankschreiben

Es ist wichtig, den Spender an die Organisation zu binden, ihn zum treuen Spender zu machen. Der erste Schritt auf diesem Weg ist, sich für die erhaltene Spende zu bedanken. Dankschreiben tragen meiner Meinung nach ganz entscheidend zum langfristigen Erfolg Ihres Direct Mail-Fundraisings bei.

Ab welchem Betrag sollte man sich bedanken?

Dies ist schlicht eine Geldfrage. Kalkulieren Sie, was ein derartiger Brief oder eine Karte kostet, und entscheiden Sie, ob Sie sich den Versand von Dankschreiben leisten können.

Wie soll ein Dankschreiben aussehen?

Drei Regeln zum Verfassen von Dankschreiben:

1. Bedanken Sie sich immer schnellstmöglich für die erhaltenen Spenden.
2. Formulieren Sie Ihren Dank abgestimmt auf den einzelnen Spender.
3. Sprechen Sie nach Möglichkeit jeden einzelnen Spender persönlich an.

Musterschreiben: Dankschreiben

Liebe Frau Meyer,

Ihre großzügige Spende von … EUR/SFr traf gestern hier ein, und ich danke Ihnen von ganzem Herzen dafür.

Ich möchte Ihnen noch kurz mitteilen, wofür wir Ihre Spende verwenden werden. Sie erinnern sich, wir setzen uns dafür ein, dass betagte Menschen so lange wie möglich im eigenen Heim bleiben und in Würde alt werden können.

Täglich geht darum einer von uns bei Frau M. vorbei und schaut nach dem Rechten. Wenn dies einmal nicht möglich ist, rufen wir bei ihr an und erkundigen uns, ob alles in Ordnung ist und Frau M. alles hat, was sie für den Tag braucht. Neulich zum Beispiel war sie ganz verzweifelt, weil sie ihren Ehering nicht fand. Der Ring bedeutet ihr sehr viel, da er sie noch mit ihrem verstorbenen Mann verbindet. Sie hatte den Eindruck, dass der Kontakt zu ihm abgebrochen sei, und das versetzte sie in Angstzustände.

Wir sind bei ihr vorbeigegangen und haben den Ring gesucht. Er war unter das Bett gerollt. Danach war Frau M. wieder glücklich. Gleichzeitig stellte sich aber heraus, dass Frau M. eine Lupe brauchte, um noch lesen zu können. Auch beim Kauf dieser Lupe half Ihre Spende.

Es gibt immer mehr Menschen in unserem Land, die nicht im Kreis ihrer Familie alt werden können. Ihnen bringen wir Freude in den Alltag, und dabei hilft Ihre Spende. Noch einmal herzlichen Dank.

Mit freundlichen Grüßen

Dankschreiben lebendig gestalten

Beschreiben Sie eine Hilfsmaßnahme

Berichten Sie von einem spezifischen Vorfall, bei dem Ihre Organisation helfen oder etwas verändern konnte.

Verändern Sie die Perspektive

Schreiben Sie aus der Sicht eines Beteiligten: Eine Organisation aus dem Bereich der Krebsforschung lässt beispielsweise einen Forscher für die Unterstützung danken und über seine Arbeit berichten. Eine Hilfsorganisation für Frauen und Kinder schickt eine Postkarte aus dem Ferienlager.

Fragen an Ihre Spender

Dankschreiben sind eine gute Gelegenheit, etwas über die Menschen zu erfahren, die Sie und Ihre Organisation mit ihren Spenden unterstützen. Legen Sie von Zeit zu Zeit einen Fragebogen bei, um das Ausmaß der Zufriedenheit unter Ihren Spendern in Erfahrung zu bringen oder ihre Meinung zu neuen Projekten zu hören.

Diese Fragebögen sollten immer personalisiert und mit einem bereits adressierten und frankierten Rückumschlag versehen sein. Sie können dann sofort in Ihrer Kartei eine entsprechende Anmerkung anbringen und das Interesse des Spenders dokumentieren. Vielleicht kontaktieren Sie ihn später gezielt wegen eines Beitrags für ein spezielles Projekt.

Telefonnummer des Unterzeichnenden

Meiner Ansicht nach sollte auf jedem Dankschreiben eine Telefonnummer angegeben sein, damit der Spender die Möglichkeit hat, schnell und einfach Kontakt mit Ihrer Organisation aufzunehmen.

Rundbrief und Spender-Zeitschrift

Da der Spenden-Aufruf dazu dient, Geld zu beschaffen, steht dort die emotionale Ansprache des Lesers im Vordergrund. Informationen sind eher zweitrangig.

Es ist aber durchaus wichtig, dem Spender von Zeit zu Zeit mehr Informationen zu senden, denn neben emotionalen sprechen auch rationale Gründe für eine Spende. Nutzen Sie beispielsweise einen Rundbrief, eine Zeitung oder Zeitschrift, um Ihre Spender regelmäßig über Ihre Arbeit zu informieren.

Praktische Tipps zum Verfassen eines Rundbriefes

- Gestalten Sie Ihre Informationen nicht zu umfangreich, um den Leser nicht zu überfordern.
- Beschreiben Sie konkrete Beispiele Ihrer Arbeit, veranschaulichen Sie diese mit Bildern.
- Bauen Sie eine persönliche Bindung auf, indem Sie Ihre Mitarbeiter mit Bild vorstellen.
- Sorgen Sie auch für etwas Unterhaltung, beispielsweise mit einem Preisausschreiben.
- Ihre Informationsschrift darf nicht zu luxuriös wirken, sie sollte aber auch nicht lieblos gestaltet aussehen.
- Suchen Sie nach preisgünstigen Möglichkeiten für Druck und Versand.

Ideen zur praktischen Umsetzung

Ich kenne eine Organisation, die ihre Zeitschrift im Lauf der Jahre zu einem unschlagbaren Instrument der Spender-Bindung entwickelt hat. Jede der vier Ausgaben pro Jahr enthält die nachfolgenden Elemente:

- Bericht mit Bildern über das Schicksal eines Betroffenen, eine überzeugende und zu Herzen gehende Geschichte

- Informationen zu alltäglichen Themen, die auch den Spender interessieren
- Ein Kreuzworträtsel, das speziell angefertigt wird und als Lösungswort immer einen Begriff aus dem Problembereich hat
- Angebote verschiedenster Produkte auf der letzten Seite, welche in Behindertenwerkstätten gefertigt wurden
- Bestellschein für die angebotenen Produkte (Bestehen Sie auf Vorauskasse, da die Abwicklung der Bestellungen dadurch deutlich vereinfacht wird.)
- Hinweis auf das Legatprogramm: In jeder Ausgabe wird für eine Broschüre mit Tipps zum Abfassen von Testamenten geworben, welche kostenlos angefordert werden kann
- Einmal im Jahr eine Einladung zu einem gemeinsamen Ausflug
- Einmal jährlich wird um einen „Abonnement-Beitrag" gebeten. Auf diese Weise finanziert sich die Zeitung selbst.

Die Spenden-Einnahmen erhöhen

10

Regeln und Erfahrungen 90

Lastschriften und Daueraufträge gezielt einsetzen 90

Kleine Geschenke erhalten die Freundschaft 92

Neu-Spender frühzeitig einbinden . . . 95

Umfangreiche Betreuung von Hoch-Spendern 96

Aufbau eines erfolgreichen Großgönner-Programms 101

Regeln und Erfahrungen

Einen neuen Spender zu finden ist kostspielig. Aus diesem Grund ist es für Ihre Organisation lebenswichtig, jeden einzelnen Spender zu pflegen und an die Organisation zu binden, um sich weitere Spenden zu sichern.

Es gibt drei Strategien, um höhere Spenden-Einnahmen zu erzielen:

1. Mehr Spender akquirieren
2. Spender zum mehrmaligen Spenden ermuntern
3. Vorhandene Spender zu höheren Spenden-Beträgen animieren

Wichtig: Nicht nur die erste Maßnahme ist zu forcieren: Erst die Kombination aller drei Strategien liefert zuverlässig Erfolg.

Die Betreuung und Pflege der gewonnenen Spender ist eine fundamentale Aufgabe des Fundraisings. Nur so können Sie langfristig die notwendigen finanziellen Mittel für Ihre Organisation sichern.

Lastschriften und Daueraufträge gezielt einsetzen

Regelmäßige – monatliche, viertel- oder halbjährliche – Spenden erlauben es Ihnen, Ihr Budget noch genauer zu planen. Auch für viele Spender ist es einfacher, jeden Monat eine kleine Summe zu erübrigen, statt einmal im Jahr eine größere Spende zu tätigen. Erfahrungsgemäß können Sie etwa 2 bis 10 Prozent Ihrer Spender zu regelmäßigen Spenden bewegen.

Wer kommt als regelmäßiger Spender in Frage?

Wenn Sie Ihre Datenbank detailliert prüfen, werden Sie feststellen, dass manche Spender schon seit längerer Zeit (aber mindestens seit zwei Jahren) erfasst sind. Diese können Sie bitten, zu regelmäßigen Spendern zu werden.

Bewährt hat sich hier die Methode, dem normalen Spenden-Aufruf – in diesem Fall ist der erste im Jahr besonders geeignet – die Bitte um regelmäßige Zuwendungen beizulegen.

Musterschreiben: Bitte um regelmäßige Spende

Sehr geehrte/liebe Frau Meyer,

neulich stellte ich fest, dass Sie uns schon seit einigen Jahren unterstützen. Ich danke Ihnen ganz herzlich dafür.

Darf ich mir erlauben, Ihnen einen Vorschlag zu machen, der Ihnen das Leben erleichtert und uns Geld spart?

Wenn Sie Ihre Spende per Dauerauftrag von Ihrem Postgiro- oder Bankkonto abbuchen lassen, kommt Ihre Spende unserer Arbeit regelmäßig zugute. Auch werden keinerlei Gebühren abgezogen. Eine solche Entscheidung wäre ein wunderbarer Vertrauensbeweis!

Wenn Ihnen diese Art des bargeldlosen Zahlens unbekannt ist, rufen Sie mich bitte an. Ich gebe Ihnen gerne Auskunft. Übrigens können Sie einen Zahlungsauftrag jederzeit ohne Angabe von Gründen widerrufen. Sollte nicht genügend Geld auf dem Konto sein, wird der Betrag natürlich nicht abgebucht.

Sie sehen, Sie gehen mit einem derartigen Auftrag keinerlei Risiko ein, helfen aber viel.

Mit freundlichen Grüßen

Dies ist der „Motivationstext". Zusätzlich benötigen Sie technisch korrekte Formulare für die Abbuchung vom Bank- oder Postgirokonto. Das Ganze muss unterschrieben und datiert vom Spender an Sie zurückgesandt werden. Hierzu hat sich ein bereits frankierter Rückumschlag bewährt.

Welchen Betrag soll man dem Spender für die regelmäßige Überweisung vorschlagen?

Um diese Frage zu beantworten, sollten Sie eine sorgfältige Analyse des bisherigen Spenden-Verhaltens durchführen. Teilen Sie Ihre Spender in Gruppen ein und testen Sie verschiedene Beträge. Auf diese Weise erhalten Sie Anhaltspunkte, welche Spender-Gruppe in Zukunft bereit ist, regelmäßig welchen Betrag zu geben.

Grundsätze für die automatische Abbuchung:

- Gestalten Sie das Formular einfach, aber technisch korrekt.
- Zeigen Sie dem Spender mehrere Kündigungsmöglichkeiten auf, um ihm zu vermitteln, dass er sich nicht fürs Leben bindet, sondern seine Entscheidung immer wieder rückgängig machen kann.

Regelmäßige Spender betreuen

Wie betreue ich Lastschrift- oder Dauerauftrags-Spender? Die einfachste Lösung ist: gar nicht. Es hat sich gezeigt, dass Spender, die ihre Spenden-Beträge automatisch abbuchen lassen, mehrere Jahre treu weiterzahlen, ohne dass man sich um sie kümmert.

Betreuungsmöglichkeiten wären:

- Ihr Spender bleibt im Mailing-Programm, erhält weiter Ihre Spenden-Appelle, allerdings immer mit dem Zusatz, dass dieses Schreiben der Information über geleistete Arbeit und neue Projekte dient. Es hat sich gezeigt, dass die Spender hierauf positiv reagieren.
- Sie versenden einmal oder mehrmals pro Jahr einen speziellen Rundbrief, in dem Sie über geleistete und zukünftige Arbeit informieren.
- Sie verschicken den Jahresbericht zusammen mit einem Dankschreiben.

Eine Bewertung dieser drei Methoden ist schwierig, da mehrere Faktoren zu berücksichtigen sind: Einerseits ist es wichtig, dass Ihre Spender das Gefühl haben, weiter von Ihnen informiert zu werden. Andererseits muss die Kontaktpflege in einem angemessenen zeitlichen und finanziellen Rahmen stattfinden.

Praxis-Tipp:

Stellen Sie mindestens einmal pro Jahr die Möglichkeit des Dauerauftrags beziehungsweise Lastschriftverfahrens vor! Wenn Sie die notwendigen finanziellen Mittel zur Verfügung haben, sollten Sie als Belohnung ein Geschenk anbieten.

Kleine Geschenke erhalten die Freundschaft

Soll man dem Mailing-Empfänger etwas schenken oder ihm ein Geschenk versprechen, wenn er etwas spendet? Soll man ihm etwas schenken, um ihn zu einer höheren Spende zu motivieren?

Diese Fragen werden in Fundraiser-Kreisen viel diskutiert. Die Meinungen sind geteilt, da manche Organisationen von derartigen „Bestechungsprämien" lieber Abstand nehmen.

Überdenken Sie die Vor- und Nachteile im Hinblick auf die Arbeit Ihrer Organisation. Manchmal macht die Geschenkbeilage den Unterschied zwischen einem rentablen und einem unrentablen Mailing aus.

Wichtig:

- Eine Geschenkbeilage sollte attraktiv genug sein, um eine erste oder höhere Spende zu bewirken, jedoch ohne den Eindruck zu erwecken, dass Sie Spenden-Gelder verschleudern.
- Die Geschenkbeilage sollte billig sein; die Steuerbehörde könnte Sie sonst steuerlich anders einschätzen und Sie als „Verkäufer" einstufen.

Verschiedene Arten von Geschenken

Es gibt zwei Arten von Geschenken:

- Sofort-Geschenke (front end premiums), die dem Spenden-Appell beiliegen. Jeder Empfänger erhält sie, unabhängig davon, ob er zahlt oder nicht.
- Versprochene Geschenke (back end premiums), die erst versandt werden, wenn die Spende eingetroffen ist.

Sofortgeschenke

Bei den Sofortgeschenken gibt es ein technisches Gebot: Die Beilage muss ohne Schwierigkeiten maschinell zu verpacken sein. Sonst riskieren Sie hohe zusätzliche Verpackungskosten, weil die Maschine langsamer laufen muss oder die Beilage von Hand verpackt werden muss. Jeder als Geschenk vorgesehene Artikel muss daraufhin von Ihrem Lettershop geprüft werden.

Versprochene Geschenke

Versprochene Geschenke werden im Allgemeinen an Spender verschickt, die größere Spenden leisteten; sie sind für drei Ziele einsetzbar:

- Als Dankeschön für eine bestimmte Summe.
  Beispiel: „Als Dank für eine Spende von 100,– EUR/SFr erhalten Sie …"

- Um den Spender zu veranlassen, eine etwas höhere Summe zu spenden.
  Beispiel: Bei Spendern, die immer 100,– EUR/SFr spenden: „Als Dank für eine Spende von 125,– EUR/SFr erhalten Sie …“ (Hört sich das unseriös an? Diese Methode ist aber sehr erfolgreich!)
- Einen direkten Bezug zur Arbeit Ihrer Organisation schaffen.
  Beispiele: Dritte-Welt-Organisationen versenden Produkte aus der Dritten Welt; Behinderten-Organisationen senden Produkte aus Behindertenwerkstätten; Museen versenden Bildbände von Ausstellungen; Kinder-Hilfswerke versenden gerahmte Kinderzeichnungen mit Widmungen.

Werden beigelegte Geschenke akzeptiert?

Problematisch ist aus der Sicht vieler Versender Folgendes: „Wir wollen mit unserem Anliegen überzeugen, nicht mit Geschenkbeilagen. Spender, die darauf abfahren, sind für uns nicht interessant.“

Jedoch darf nicht vergessen werden, dass eine Geschenkbeilage unter Umständen auch Empfänger des Mailings, die nur marginal an Ihrer Organisation interessiert sind, zu einer Spende veranlasst. Diese zusätzlichen Spenden von „Mitläufern“ erhöhen den Netto-Ertrag.

Im Rahmen einer repräsentativen telefonischen Spender-Befragung stellten wir die Frage nach der Akzeptanz der beigelegten Geschenke.

Die Antwort war eindeutig: Nur etwa die Hälfte der Befragten erklärte, diese Geschenke zu schätzen. Daraufhin wurde bei den nächsten Aussendungen die Stichhaltigkeit dieser Aussage überprüft: Ein Teil der Spender erhielt das Geschenk, ein anderer nicht.

Resultat: Die Geschenkbeilage erhöhte den Rücklauf um fast 10 Prozent (mit Ausnahme der höheren Spenden-Kategorien).

Dieses Beispiel zeigt die Diskrepanz zwischen den in Umfragen gegebenen Antworten und dem tatsächlichen Handeln, die wir bei Menschen allgemein und bei Spendern im Besonderen feststellen. Es zeigt auch, dass man sich im Zusammenhang mit Direct Mail nicht blind auf die Ergebnisse der Marktforschung verlassen darf, sondern diese in der Praxis testen muss.

Neu-Spender frühzeitig einbinden

Oft vergehen Monate, bis ein Neu-Spender wieder angesprochen wird; dieser hat aber vielleicht seine Erst-Spende längst vergessen und kann mit einem Folge-Mailing nicht viel anfangen.

Manchmal erhält der Neu-Spender auch ein Mailing, das auf langjährige Spender zugeschnitten ist, welches ihn ebenfalls nicht anspricht.

An anderer Stelle wurde bereits erwähnt, dass bis zu 50 Prozent der Neu-Spender keine zweite Spende geben. Das in die Neuakquisition investierte Geld ist in diesen Fällen verloren. Aus diesem Grund müssen gerade Neu-Spender gezielt betreut werden, damit sie einer Organisation weiterhin treu bleiben.

Ablaufplan zur Neu-Spender-Akquisition

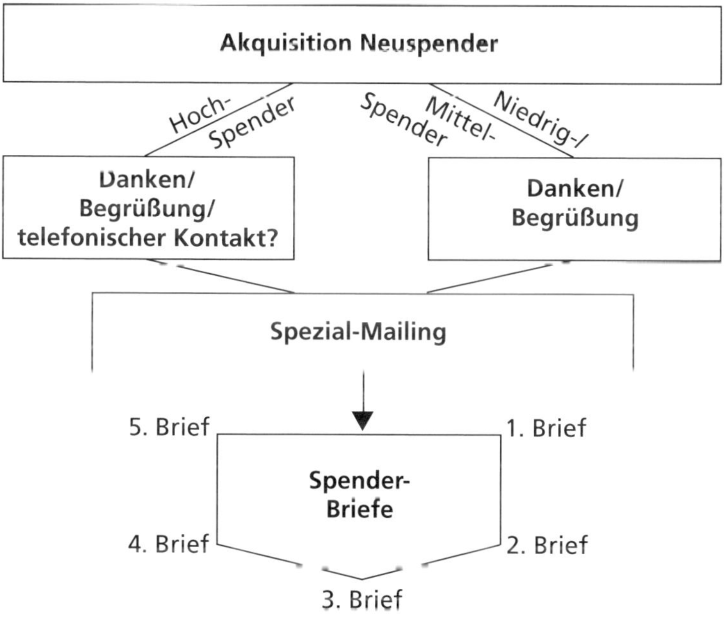

Ein Spender muss sofort nach seiner Gewinnung begrüßt werden. Das erhöht die Chancen, ihn zu einer zweiten Spende zu bewegen. Viele Experten sagen sogar, die zweite Spende sei die erste „wahre" Spende, da die erste Spende häufig vielleicht nur eine Laune war, ein Impuls.

Wichtig: Ein professionelles Betreuungs-Programm arbeitet differenziert: Ein neuer Spender erhält sobald wie möglich und unabhängig von seiner Spenden-Höhe ein Begrüßungs-Dankschreiben mit Informationen zu den Aufgaben der Organisation.

Nach einem oder zwei Monaten folgt ein erneuter, spezieller Spenden-Appell, der sich von den regulären Spenden-Mailings unterscheidet. Dieser Aufruf bezieht sich auf dasselbe Projekt wie das Akquisitions-Mailing, das Projekt wird jedoch detaillierter beschrieben und mit zusätzlichen Informationen versehen.

Umfangreiche Betreuung von Hoch-Spendern

Die Betreuung von Spendern, die regelmäßig hohe Summen geben, ist ein wichtiger Aspekt des Fundraisings.

Ein Hoch-Spender-Programm bietet die Möglichkeit, mit wenig Aufwand mehr finanzielle Mittel für Ihre Arbeit zu akquirieren. Es ist eine Weiterentwicklung Ihres Mailing-Programms.

Wie bereits auf Seite 81 beschrieben, liefern 80 Prozent Ihrer Spender meist nur 20 Prozent des Gesamteinkommens Ihrer Organisation, während 20 Prozent der Spender durch Ihre hohen Spenden den Hauptteil Ihrer finanziellen Mittel bestreiten. Mit mehr oder weniger großen Abweichungen gilt dies für alle karitativen Organisationen.

In Ihrer Spender-Liste haben Sie viele Namen von Klein- und gelegentlichen Spendern. Einige Ihrer Spender scheinen auf Grund ihres bisherigen Spenden-Verhaltens in der Lage zu sein, (noch) größere Beträge zu geben. Um diese Spender zu finden, sind verschiedene Schritte notwendig.

Analyse der Daten

Wenn Sie die Liste Ihrer Spender nach Höhe und Häufigkeit der Spenden aufschlüsseln, wird Ihnen schnell der „Gebe-Rhythmus" verschiedener Spender-Kategorien klar:

1. Die „Einmal-pro-Jahr"-Spender geben zwar nur einmal, aber dann einen drei- oder vierstelligen Betrag.
2. Die „Mehrmals-pro-Jahr"-Spender kommen mit mehreren kleinen Beträgen auf die gleiche Spenden-Höhe.

Sie müssen in Kenntnis der durchschnittlichen jährlichen Spenden-Höhe Ihrer Organisation einen Betrag festsetzen, ab dem Sie Ihre Spender als „Hoch-Spender" einstufen wollen. Dieser Betrag kann stark variieren.

Kennenlernen der Spender

Die Liste der Hoch-Spender ist jetzt Ihr wichtigstes Hilfsmittel. Stellen Sie fest, ob sich statistische Eckpunkte finden lassen:

- Sind es mehr Frauen oder Männer?
- Wo wohnen sie (Land/Stadt, Mietwohnung/Haus)?
- Wie alt sind sie?
- Wie lange sind sie schon in Ihrer Adresskartei?

Der nächste Schritt auf dem Weg zum Hoch-Spender-Programm ist ein gezieltes Kennenlernen. Dazu eignen sich zwei Vorgehensweisen:

- Veranstaltungen
- Persönliche Besuche

Veranstaltungen

Planen Sie eine Veranstaltung, zu der Sie nur Spender ab einer gewissen Spenden-Höhe einladen. Bei einer derartigen Veranstaltung sollten möglichst viele Mitarbeiter Ihrer Organisation teilnehmen – nicht nur Fundraising-Mitarbeiter –, um mit so vielen Gästen wie möglich ins Gespräch zu kommen. Sofort nach der Veranstaltung müssen Sie und Ihre Kollegen genaue Gesprächsnotizen machen. Hierbei sind zwei Punkte besonders zu berücksichtigen:

- Individuelle Informationen über spezifische Spender (mit Namen)
- Allgemeine Informationen (wie war ihre Kleidung, wie reisten sie an, usw.)

Machen Sie bei derartigen Gelegenheiten Fotos und studieren Sie sie. Diese persönlichen Begegnungen sind unersetzlich, um ein Gespür für Ihre Spender zu bekommen.

Eine Organisation lud ihre Spender ein und machte von jedem Gast ein Foto, als er vom Direktor begrüßt wurde. Anschließend erhielt jeder Teilnehmer sein Foto, während ein Abzug in der Organisation verblieb. So hatte man sich – im wahrsten Sinne des Wortes – ein Bild von den Spendern gemacht.

Persönliche Besuche

Besuche bei Spendern Ihrer Organisation sind meist einfacher, als Sie glauben. Wer Ihnen größere Beträge gespendet hat, bezeugt echtes Interesse an Ihrer Aufgabe und Organisation und freut sich wahrscheinlich über einen Besuch von Ihnen. Besuche sind zeitaufwendig, aber sie sind auch eine unverzichtbare Voraussetzung, um sich „ein Bild vom Spender" zu machen.

So gehen Sie vor: Schreiben Sie an ausgewählte Spender und bitten Sie um die Erlaubnis für einen Besuch. Dabei sagen Sie ganz klar, dass es bei diesem Besuch darum geht, neue Möglichkeiten der Mittelbeschaffung sowie die Finanzierung spezieller Projekte zu diskutieren. Machen Sie aber auch deutlich, dass Sie bei diesem Besuch nicht um Geld bitten, sondern lediglich Informationen sammeln wollen.

Musterschreiben: Bitte um die Erlaubnis eines Besuches

Liebe/Sehr geehrte Frau Meyer,

Sie gehören bereits seit längerer Zeit zu unseren treuen Freunden und haben unsere Arbeit mehrere Male mit namhaften Beträgen unterstützt. Dafür danke ich Ihnen ganz herzlich.

Ohne Sie wäre die Hilfe für Betroffene nicht möglich. Seit einiger Zeit gibt es Pläne, unsere Hilfeleistungen auszubauen. Es ist ganz klar, dass wir dazu mehr finanzielle Unterstützung brauchen. Wir haben uns schon einige Gedanken gemacht, wie diese Geldmittel gefunden werden könnten.

Dürfen wir Sie einmal besuchen, um Ihre Meinung zu diesem Thema zu hören? Verstehen Sie mich recht, bei diesem Besuch geht es nicht darum, Sie um Geld zu bitten, sondern darum, Ihre Überlegungen zu erfahren.

Ein derartiges Gespräch würde etwa eine halbe Stunde dauern, die Informationen werden selbstverständlich vertraulich behandelt. Sie können wählen, wann und wo wir uns treffen.

Ich werde mir gestatten, Sie in den nächsten Tagen anzurufen, um zu erfahren, ob Sie mit einem Besuch einverstanden sind, und wenn ja, wann Ihnen dieser passen würde.

Es würde mich sehr freuen, von Ihnen eine positive Antwort zu erhalten und so Gelegenheit zu bekommen, Ihre Bekanntschaft zu machen.

Mit freundlichen Grüßen

P. S. Darf ich noch einmal wiederholen, dass wir Sie bei diesem Gespräch nicht um eine Spende bitten, sondern Ihre Meinung hören möchten.

Bereits fünf bis zehn Besuche erlauben es Ihnen, einen Eindruck von Ihren Hoch-Spendern und deren Interessen zu gewinnen. Anschließend gilt es, ein den Vorstellungen Ihrer Hoch-Spender entsprechendes Projekt auszuwählen.

Vorstellung eines Projektes

Da es fast unmöglich ist, namhafte Beträge von Spendern für den laufenden Betrieb oder die Allgemeinkosten zu erhalten, müssen Sie ein Projekt vorstellen, für das sich die Spender so begeistern, dass Sie bereit sind, größere Summen zu geben.

Auch hier gibt es entscheidende Grundregeln zu beachten:

- Die Überzeugungsarbeit muss schriftlich erfolgen, da für zahlreiche persönliche Besuche die Zeit fehlt. Schenken Sie daher sowohl der Wortwahl als auch der visuellen Gestaltung viel Aufmerksamkeit.
- Ein besonders wichtiger Erfolgsfaktor: Es muss eine genaue Projektbeschreibung beiliegen!

Spezielle Betreuung der Hoch-Spender

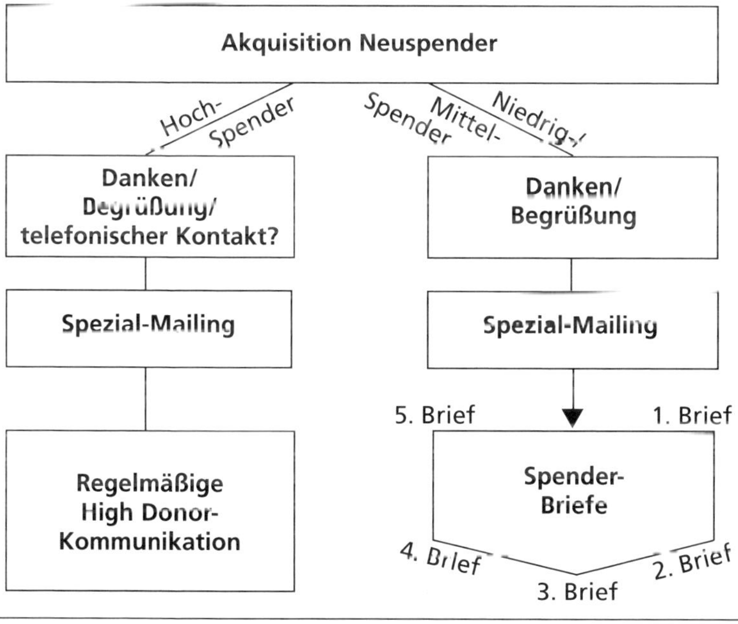

Statt allen Spendern – unabhängig von der Spenden-Höhe – das gleiche Mailing zukommen zu lassen, senden Sie Hoch-Spendern spezielle Briefe.

Die Adressen der Hoch-Spender sollten unter Umständen sogar unabhängig von der Stammdatei verwaltet und möglichst laufend „veredelt“, das heißt mit persönlichen Informationen über den Spender, angereichert werden.

Wenn Sie Ihr erstes Projekt starten, ist es wichtig, einen Testversand für die verschiedenen vorgeschlagenen Spenden-Höhen zu machen. Es wäre fatal, zu viel Geld zu verlangen und so Ihre besten Spender zu verärgern.

Ein Mailing an Hoch-Spender sollte sich optisch von normaler Spender-Post unterscheiden, es darf aber auch nicht zu luxuriös wirken.

Beispiele:

- Eine DIN A4-Mappe aus Halbkarton mit der Projektbeschreibung in einem großen Versandumschlag
- Ein handschriftlich unterzeichneter Brief mit der Möglichkeit zur Rückantwort zusammen mit einem Umschlag zum Zurücksenden dieser vertraulichen Antwort: Auf dem Brief sollte der vorgeschlagene Geldbetrag erscheinen, der entweder einmal oder in Raten gezahlt werden kann.

Ein Beispiel aus der Praxis

Eine Organisation veranstaltet seit Jahren Ferienlager für Kinder aus Problemfamilien. Betreut wurden diese Lager bisher von freiwilligen Helfern. Mit der Zeit wurden die Kinder zunehmend schwieriger und aggressiver. Die freiwilligen Helfer kamen mit ihnen nicht mehr zurecht.

Die Organisation musste reagieren und entwickelte ein Schulungsprogramm für die Betreuer. Leider entstanden dadurch zusätzliche Kosten, die aus dem allgemeinen Mittelaufkommen nicht gedeckt werden konnten.

Das Mailing an ausgewählte Hoch-Spender hatte sinngemäß folgenden Inhalt: „Finanzieren Sie ein Ausbildungs-Wochenende, damit die Betreuer den Kindern besser helfen können.“

Der Vorschlag wurde sorgfältig ausgearbeitet: Im Spenden-Aufruf wurde das Projekt ausführlich beschrieben. Unabhängige Experten bezeugten, dass derartige Ausbildungen notwendig seien. Illustriert wurde das Schreiben mit vielen Fotos aus den Lagern, sorgfältig von Hand eingeklebt.

Im zweiten Teil des Anschreibens wurde der gewünschte Spenden-Betrag genannt. Dazu wurde die Datenbank mit den Spender-Adressen geprüft: Die Hoch-Spender hatten pro Jahr zwischen 200,– EUR/SFr und 1 000,– EUR/SFr gegeben. Aus dieser Gruppe wurden folgende Untergruppen gebildet:

- Die Spender, die bisher zwischen 200,– EUR/SFr und 499,– EUR/SFr gegeben hatten, sollten im Lauf der nächsten drei Jahre jeweils 1 000,– EUR/SFr spenden.
- Spender mit höheren Beträgen erhielten individuelle Vorgaben.

Die Vorgehensweise hatte Erfolg. Die Organisation konnte die Ausbildungs-Wochenenden finanzieren.

Aufbau eines erfolgreichen Großgönner-Programms

von Margrit Baumer Leuenberger

Gönner-Pyramide

Die Entwicklung von Spendern

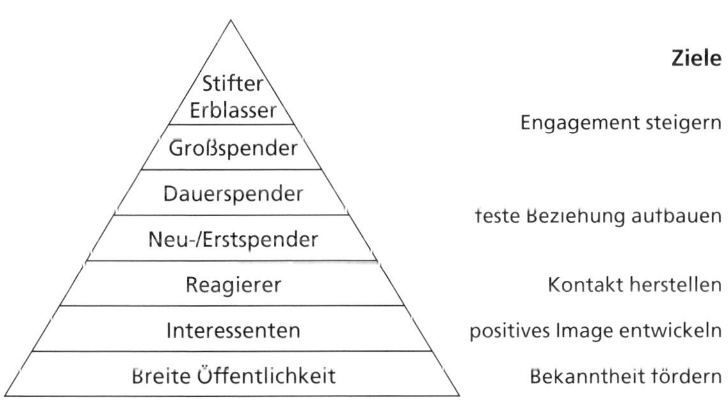

Der gezielte Aufbau von Großgönner-Programmen befindet sich noch in der Anfangsphase. Sie benötigen lange Aufbauzeit und brauchen eine solide konzeptionelle Basis.

Ziel ist es, möglichst viele der eigenen Klein- und Dauerspender in die zwei obersten Segmente zu führen. Die Gönner-Pyramide zeigt den Verlauf einer möglichen Entwicklung eines Gönners auf.

Das grundsätzliche Unterscheidungsmerkmal für Gönnerkategorien bildet die Höhe der jährlich ausgerichteten Spendensumme. Menschen, die jährlich oder zumindest regelmäßig einen vierstelligen Betrag spenden, können als Großgönner verzeichnet werden. Als Großgönner gelten auch Personen, die Teile Ihres Vermögens zur Verfügung stellen, beispielsweise Immobilienwerte, Kunstgegenstände oder Schmuck.

Klein-Spender	Großgönner
1. Spenden von ca. 25,– EUR/SFr bis 1 000,– EUR/SFr, manchmal sogar 2 000,– bis 3 000,– EUR/SFr, die regelmäßig gemacht werden.	1. Spenden, die aus über mehrere Jahre regelmäßig gezahlten Beträgen bestehen oder die als einmalige höhere Spende gespendet werden.
2. Bezahlung erfolgt meistens in Form von Bargeld (Scheck/Giro); das Geld wird aus dem jährlichen Einkommen genommen	2. Die Spende ist meist Geld, das aus Vermögen oder Besitz genommen wird (oft spielen Steuervorteile eine Rolle).
3. Briefe, manchmal Telefonate, sind die üblichen Fundraising-Methoden.	3. Das Ansuchen ist ein auf den Spender individuell ausgerichteter Prozess.
4. Meistens wird der Spender gefragt, ohne dass man ihn vorher lang nach Interesse und Spenden-Höhe evaluiert hat.	4. Der Spender wird sorgfältig auf die Anfrage vorbereitet.
5. Anfrage und Abschluss der Spendenbitte erfolgen in einem Schritt.	5. Der Weg von der Identifikation über die Involvierung bis hin zur tatsächlichen Anfrage erstreckt sich über mehrere Begegnungen, manchmal über Jahre.

6. Anfrage erfolgt durch eine Person oder ein Mailing.	6. Erfolg setzt ein gutes Team voraus: Volontäre, Geschäftsführer, Projektprofil-Editoren, Fundraiser, Eventmanager sowie eine tadellose Administration.
7. Es wird wenig Zeit investiert, um das Interesse des einzelnen Spenders zu erwecken.	7. Je höher das finanzielle Ziel, um so individualisierter wird die Strategie angelegt und die Anfrage ausgeführt.
8. Spender sind der Sache gegenüber positiv motiviert; die Spende ist meistens nicht projektgebunden.	8. Spenden sind meistens zweckgebunden; oft will der Spender die Anlage/den Erfolg sehen können.

Zunehmend setzen sehr vermögende Personen große Teile ihres Vermögens bereits zu Lebzeiten für gute Zwecke ein. Viele von ihnen gründen eine Stiftung aus steuerlichen Gründen. In Deutschland sind 13 Prozent der Stiftungsgründer unter 45 Jahre alt und 26 Prozent unter 60 Jahre alt (DIE ZEIT vom 14. 9. 2006). Die Zielgruppe der sehr vermögenden Personen wird in den nächsten Jahren stark zunehmen.

Großgönner-Segmente

Großgönner können in fünf Segmente unterteilt werden:

- Personen, die jemanden aus dem Umfeld der Organisation kennen (Stiftungsrat, Vorstand, Geschäftsleitung oder Personal) und so über die Ziele und Projektarbeit der Organisation informiert sind
- Personen, die eine hohe Affinität zur Projekt- und Themenarbeit der Organisation haben
- Sehr reiche Personen, die das Erbe ihrer Kinder auf den Pflichtteil begrenzen wollen
- Ältere Menschen – oft ohne Nachkommen –, die durch ein Legatsinserat oder eine Mailing-Beilage auf die Organisation aufmerksam werden
- Zufallskontakte aufgrund eines Telefonates oder aus einer persönlichen Begegnung

„Türöffner"

„Türöffner" sind Freiwillige, die ihr Kontaktnetz zu vermögenden Menschen einer Organisation dienstbar machen. Sie finden sich im Umfeld einer Organisation oder können mittels Inseraten in entsprechenden Zeitungen und Zeitschriften gesucht werden. Sie müssen jedoch über ausreichende Zeitreserven verfügen. Oftmals handelt es sich um Ruheständler mit langjähriger Berufstätigkeit als Führungskräfte.

Ebenfalls als Türöffner können fungieren:

- Banken
- Rechtsanwälte, Notare
- Persönlichkeiten aus Wirtschaft, Politik, Sport und Kultur
- lokale Persönlichkeiten
- Pfarrgemeinden
- Verbände
- Stiftungen

Vor allem Banken, Rechtsanwälte und Notare pflegen wichtige Kontakte zu einer vermögenden Klientel. Deshalb ist die Einbindung der Hausbank und verschiedener Rechtsanwälte besonders sinnvoll.

Beispiel:

Eine Organisation, die ich betreue, benötigt ein größeres Gebäude. Der Preis für das Bauvorhaben bewegt sich im 7-stelligen Bereich. Die Stiftung muss selbst für die Kosten aufkommen und verfügt nur über wenige Spender. Bei der Durchsicht der Adressdatenbank werden vermögende Spender herausgefiltert und kontaktiert.

Das Bauprojekt wird der Hausbank präsentiert, verbunden mit der Anfrage möglicher Unterstützungsmodelle. In der Bank arbeitet jemand, der seit seiner Kindheit die Stiftung kennt und ihr wohlgesinnt ist. Diese Person unterstützt die Stiftung auf mehreren Ebenen:

- Vermögensverwaltung und Erbschaftsabteilung der Bank empfehlen die Stiftung ihren vermögenden Kunden.

- Der Bankmitarbeiter empfiehlt die Stiftung den Rechtsanwälten und Notaren, mit denen er beruflich in Kontakt ist.
- Der Bankmitarbeiter wirbt in seinem Bekanntenkreis für die Stiftung.

Eine weitere Kontaktperson – kürzlich pensioniert und zuvor im obersten Führungsbereich der Bank tätig – erklärt sich dazu bereit, eine Patronatsgruppe zu leiten, welche ebenfalls versucht, finanzielle Mittel zu sammeln.

Drei wichtige Voraussetzungen für ein Großgönner-Programm

- Stiftungsrat, Vorstand und Geschäftsleitung einer Organisation müssen voll und ganz hinter der Umsetzung eines Großgönner-Programms stehen.
- Strategie und finanzielle Ziele (Einnahmen wie Ausgaben) müssen klar formuliert und von der Geschäftsleitung sowie vom Stiftungsrat oder vom Vorstand abgesegnet werden; auch interne Prozess-Strukturen müssen definiert sein.
- Verpflichtung einer kommunikationsfreudigen Persönlichkeit (extern oder intern), die Kontakte zu diversen einflussreichen Personen (Privatpersonen, Banken, Stiftungen, Medien) hat und versucht, diese für die Zielumsetzung zu gewinnen. Auch unabhängige Fundraising-Berater können diese Aufgabe übernehmen.

Akquisition von Großgönnern

Datenbank analysieren

Von Interesse sind Spender aus der bereits vorhandenen Datenbank, die regelmäßig 4-stellige Spendenbeträge überweisen, und Spender, die zwar vielleicht jeweils nur kleine Beträge überweisen, aber über größere Geldmittel verfügen.

Direktanfrage

Viele Personen möchten aus ganz bestimmten Gründen (etwa Steuervorteile, Antritt eines Erbes, Pensionierung oder Dankbarkeit dem Leben gegenüber) einen großen Betrag zu Lebzeiten spenden. Diese müssen direkt angesprochen werden.

Aus dem Umfeld der Organisation

Kontakte aus dem Stiftungsrat, Vorstand, der Geschäftsleitung und der Hausbank sollten gezielt um Unterstützung gebeten werden.

Große, sichtbare und erlebbare Kampagnen

Oft liefert auch eine Werbekampagne den gewünschten Erfolg, welche aufgrund des gewählten Themas oder Projektes die Hilfsbereitschaft der Menschen anspricht. Große Kampagnen liefern einen Anlass, um Gönner, die bereits größere Beträge bezahlt haben, nochmals anzusprechen und um Unterstützung zu bitten.

Den Kontakt zu Großgönnern aufbauen

1. Vielfach wird nur nach Personen „mit bekannten Namen" gesucht. Die Zahl der „versteckten" Millionäre und vermögenden Personen nimmt jedoch ebenfalls stark zu. Dies sind die aussichtsreichsten Kandidaten für ein Großgönner-Programm.
2. Man bietet einer Person nicht nur Projekte an, welche die Organisation gerne finanziert haben möchte, sondern lässt offen, welche Wünsche die möglichen Großgönner berücksichtigen möchten.
3. Bringen Sie das Gespräch auf den Punkt: Äußern Sie gegenüber dem Gönner klar Ihre Erwartungen.
4. Für die zuständige Kontaktperson ist Erreichbarkeit zwingend und die Nennung einer Stellvertretung unumgänglich. Auch die Telefonzentrale muss freundlich und hilfsbereit reagieren, sonst wird ein Gönner sich rasch abwenden.

Starten Sie mit sechs konkreten Schritten

Großgönner möchten die Spendenorganisation persönlich kennen lernen. Die Kontaktaufnahme erfordert Mut, gute Vorbereitung und viel Fingerspitzengefühl.

Man darf keine Hemmungen haben, eine Person um Geld zu bitten. Die angefragte Person ist letztlich selbst fähig zu entscheiden, ob sie das Angebot unterstützen möchte oder nicht. Jedoch darf man auch nicht enttäuscht sein, wenn die angefragte Person nach einem Besuch nicht sofort auf das Angebot eingeht. Manchmal benötigen Menschen Zeit, insbesondere wenn es sich um hohe Geldbeträge handelt; oft vergehen vom Erstgespräch bis zu einer Zusage mehr als zwei Jahre.

1. Durch Recherche und gezielte Datenbankanalyse lassen sich die Großgönner ermitteln (etwa: regelmäßige Gönner, die jährlich mehr als 1 000,– Euro/SFr spenden; Gönner, die mehr als 5 000,– Euro/SFr gespendet haben).
2. Das Datenprofil der einzelnen Gönner zeigt deren Präferenzen betreffend Projektunterstützung auf.
3. Konzepte erarbeiten, um kleine und mittlere Gönnersegmente in der Gönner-Pyramide nach oben zu bewegen.
4. Das Strategiepapier erstellen: Es legt die Art der Kontaktaufnahme mit einem potenziellen Gönner fest sowie die Bindung des Gönners an die Organisation und ihre Projektarbeiten über den Ausbau der Kontaktpflege. Es gibt Gönner, die – anstelle finanzieller Unterstützung – ehrenamtliche Arbeit leisten möchten; ein Aspekt, der viel einbringen kann.
5. Die Gönner-Betreuung umfasst auch regelmäßige Information: Der Gönner möchte „sein" Projekt kennen.
6. Es gibt Gönner, die viel Betreuung wünschen. Aus diesem Grund ist regelmäßiger Telefonkontakt ein absolutes Muss.

Infrastruktur

Jede Non-Profit-Organisation – unabhängig von ihrer Größe und ihrem Budget – kann ein Großgönner-Programm entwickeln.

- Bei kleinen Organisationen, die vielleicht nur ein paar Hundert oder ein paar Tausend Adressen besitzen und noch über keine Adressdatenbank verfügen, können die Spendeneinnahmen über die Buchhaltung ermittelt werden. Die Buchhaltung oder die Geschäftsführung kennen langjährige Gönner und/oder lukrative Gönner. Diese Adressen können in der Anfangsphase in einer Excel-Tabelle erfasst und verwaltet werden. In großen Organisationen muss eine Datenbank mit entsprechender Software zur Auswertung zur Verfügung stehen.
- Erfassung der internen Stärken und Schwächen wie Image, Bekanntheitsgrad, Definition der strategischen Ausrichtung, Entwicklung der Kernbotschaften.
- Kontaktplanung erstellen, die aufzeigt, was von wem in welchem Zeithorizont erreicht werden soll.

Für den erfolgreichen Aufbau eines Großgönner-Programms mit Langzeitperspektive sind folgende Grundsätze zu beachten:

- Bestimmung von Entscheidungsträgern (auch externe Fundraising-Spezialisten), die genug Zeit haben.
- Interne Arbeitsgruppe bilden, die die Ziele und die Leitlinien für die Zusammenarbeit mit Großgönnern erstellt: Sie muss Richtlinien für die Projektprofile erarbeiten, die notwendigen Budgets festlegen und genehmigen lassen. Die Arbeitsgruppe muss auch intern für das Programm „Großgönner" Lobbyarbeit betreiben.
- Detailplanung: „Wann, mit wem, was?" Die persönliche Betreuung benötigt ausreichende Zeitreserven und ist sorgfältig zu terminieren.
- Arbeitsablaufsprozesse entwickeln unter Berücksichtigung von Neukontakten.
- Informationen einholen (zur finanziellen Potenzialermittlung) und Zielgruppensegmentierung vorbereiten und umsetzen.
- Dokumentationsmaterial zum Projekt und zur Organisation erstellen.
- Instrumente zur Bindung von Gönnern schaffen, etwa Events, Projektreisen, Empfang mit Vortrag, Essen mit einzelnen Gönnern.
- Adressverwaltung initiieren: Die Entwicklung und die Geschichte eines Gönners müssen strukturiert erfasst werden.

Betreuung von Großgönnern

Erwartungshaltung des Großgönners

Getroffene Abmachungen müssen zu 100 Prozent eingehalten werden. Sofortige Benachrichtigung ist Pflicht, falls die Projektarbeit nicht optimal verläuft. Vielleicht wird ein Projekt gar nicht realisiert. Deshalb ist es von Vorteil, einen solchen – unerwünschten – Verlauf bereits im Vorgespräch mit dem Gönner zu thematisieren. Eine Rückzahlung des Spenden-Betrags sollte die letzte Notlösung sein.

Die meisten Gönner erwarten von der Organisation periodische Informationen über den aktuellen Stand des mitfinanzierten Projektes.

Es gibt aber auch Personen, die schlicht keinen Kontakt wollen, keine Informationen, keine Einladungen und keine Telefonanrufe. Dieser Wunsch muss unbedingt respektiert werden.

Verlust von Gönnern

Hier lautet die erste Regel: Sofort die Gründe für das Ausbleiben der Gönnerunterstützung erforschen. Die Gründe können vielfältig sein – Vermögenszerfall, Verlagerung von Prioritäten, Vernachlässigung durch die Kontaktperson seitens der Organisation, Unverständnis für Neuausrichtung der Organisationsprojekte.

Eine persönliche Begegnung ist wichtig, weil sie Klärung bringt und vielleicht die Bindung reaktiviert.

Möchte der Gönner endgültig die Beziehung abbrechen, ist dies zu respektieren. Das bedeutet jedoch nicht, ihn künftig zu ignorieren. Eine persönliche Weihnachtskarte sowie das interessante Halbjahres-Mailing sind unaufdringliche Zeichen und geeignete Mittel, dass der ehemalige Gönner seine Entscheidung vielleicht noch einmal überdenkt.

Margrit Baumer Leuenberger, Fundraiserin BR, war sechs Jahre als Marketingleiterin beim Fastenopfer, Luzern, und vier Jahre beim WWF Schweiz als Director Public Marketing tätig. Heute arbeitet sie als selbständige Fundraising-Beraterin.

Fundraising per Telefon

von Marcel Gantenbein

11

Mit dem Spender direkt kommunizieren 112

Erfolgreiches Telefon-Fundraising 112

Vor- und Nachteile des Telefon-Fundraisings 113

Telefon-Fundraising: Besser mit Profis? 113

Telefon-Marketing: Kampagnen planen 114

Kosten und Nutzen von Telefonaktionen 116

Mit dem Spender direkt kommunizieren

Das Telefon als persönliches, maßgeschneidertes Mittel für die Direktkommunikation mit dem Spender ist mittlerweile fest etabliert. Die Art und Weise, wie eine Aktion durchgeführt, wie der Gesprächspartner angesprochen wird und welche Rückmeldung man ihm später zukommen lässt, spielt eine wichtige Rolle für die Akzeptanz des Mediums und den Erfolg der damit verbundenen Sammelkampagnen.

Telefon-Fundraising-Aktionen per se sind weder positiv (erfolgreich) noch negativ (nicht erfolgreich). Richtig eingesetzt, können sie Direct Mail-Kampagnen hervorragend ergänzen. Denn das Telefon schafft da Kontakt, wo schriftliche Kommunikation an ihre natürlichen Grenzen stößt.

Telefon-Fundraising darf jedoch nicht offensiv und marktschreierisch sein, sondern sollte eine Art des telefonischen „Vorbeischauens bei den Spendern zu Hause" sein.

Erfolgreiches Telefon-Fundraising

Das Direct Mail und die damit aufgebaute Adresskartei sind die notwendige Basis für die telefonische Arbeit.

Telefon-Fundraising setzen Sie am besten ein, um

- eingeschlafene Spender zu reaktivieren: Bei einer jüngst durchgeführten Telefonaktion einer großen Organisation wurden 20 Prozent der inaktiven Spender reaktiviert.
- Beiträge von aktiven Spendern zu erhöhen: Der telefonische Kontakt erhöht die Beträge oft um ein Vielfaches.
- aus sporadischen Spendern regelmäßige zu machen: Lastschriftverfahren und Ähnliches, bei denen ein Spender nur gerade 20,– EUR/SFr pro Monat bezahlt, dies jedoch zwölfmal pro Jahr und über drei oder vier Jahre hinaus, bringen der Organisation langfristig viel, ohne den Spender finanziell zu belasten.
- Informationen über den Spender zu erhalten. Es wird immer wichtiger, interaktiv mit dem Gönner zu kommunizieren, denn: Organisationen, die über die Bedürfnisse und Erwartungen der Spender informiert sind und diese bei ihren Aktionen berücksichtigen, haben Zukunft.
- die Spender zu pflegen: Spender wollen wissen, was mit ihrem Geld passiert ist, sie möchten angehört werden.

Vor- und Nachteile des Telefon-Fundraisings

Was spricht für Telefon-Fundraising?

- Hohe Aufmerksamkeit, individuelle Ansprache
- Persönlicher Kontakt zur Zielgruppe und dadurch erhöhte Motivation
- Möglichkeit zur unmittelbaren Reaktion auf individuelle Bedürfnisse (Spender-Bindung)
- Hohe Durchdringungsdichte: 70 bis 80 Prozent der Zielpersonen werden erreicht

Wir haben zahllosen Gesprächen zugehört und wurden Zeuge, wie viele Spender sich gefreut haben, dass man sie anrief, sie ernst nahm und an ihnen interessiert war. Oft war das Problem, das Gespräch nach einiger Zeit höflich zu beenden – der oder die Angerufene hätte sich gerne noch länger unterhalten.

Was spricht gegen Telefon-Fundraising?

Telefon-Marketing stört den Spender in seinem eigenen Heim. Aber wie war das eigentlich früher, als man an der Tür klingelte und um eine Spende bat? Oder wie ist es, wenn man auf der Straße mit der Sammelbüchse belästigt wird? Mit dem Telefon kommt man auf die Anfänge des Spenden-Sammelns zurück, man kontaktiert den Spender zu Hause.

Telefon-Fundraising: Besser mit Profis?

Wenn Sie sich für Telefonanrufe entscheiden, müssen Sie zuerst eine Frage klären: Wollen Sie Freiwillige oder Mitarbeiter Ihrer Organisation telefonieren lassen oder mit einer professionellen Telefon-Marketing-Firma zusammenarbeiten?

Eigene Mitarbeiter haben sicher Vorteile, so wissen sie beispielsweise über die Organisation Bescheid, können alle Fragen beantworten, sind von der eigenen Arbeit überzeugt und können dies meist auch besser vermitteln.

Vorteile professioneller Anbieter

Telefon-Fundraising-Aktionen sind sehr personalintensiv

Professionelle Anbieter verfügen über gut ausgebildete Telefonistinnen und Telefonisten, die Erfahrung darin haben, mit Gönnern und deren teilweise unvorhersehbaren Reaktionen umzugehen. Hinzu kommt, dass sich eigene Mitarbeiter trauen, um Geld zu bitten, insbesondere wenn es um höhere Beträge geht.

Telefon-Fundraising-Aktionen sind verwaltungsintensiv

Es findet nicht nur ein einfaches Telefongespräch mit dem Spender statt. Professionelles Telefon-Fundraising heißt: Vorabbrief, Telefonaktion, Bestätigungsschreiben/Dankschreiben. Gleichzeitig müssen Bemerkungen und Reaktionen von Spendern in der Adressdatenbank vermerkt werden.

Ein professioneller Dienstleister verfügt über die entsprechenden EDV-Programme und Strukturen, um diese Arbeit korrekt ausführen und Ihnen übergeben zu können. Der Verwaltungsaufwand Ihrer Organisation wird somit erheblich gesenkt.

Telefon-Fundraising-Aktionen sind teuer

Man muss wissen, wann und zu welchem Zeitpunkt es vernünftig ist, eine Aktion abzubrechen.

Wichtig: Auftrag und Bedingungen der Zusammenarbeit mit externen Dienstleistern sollten – vor Beginn – unmissverständlich formuliert sein.

Telefon-Marketing: Kampagnen planen

Das Ziel definieren

Nachdem das Ziel der Kampagne festgelegt wurde, durchforstet man die eigenen Spender-Daten, um diejenigen herauszufiltern, die für das angestrebte Ziel in Frage kommen. Sobald Sie sich klar über das Ziel sind, beispielsweise „Geld sammeln bei aktiven Gönnern", „Informationen bekommen", „Informationen bekannt geben", „inaktive Spender mobilisieren", übergeben Sie die geeigneten Daten der Agentur, damit diese mit der Arbeit beginnen kann.

Der Anbieter entwirft nun einen Vorabbrief. Darin werden die Telefonaktion und ihre Motive dargelegt. Spender, die nicht angerufen werden wollen, können dies per beigelegtem Absage-Formular und frankiertem Rückumschlag bekannt geben.

Jetzt kommt das Entscheidende für den Erfolg Ihrer Aktion. Die Agentur entwirft den Gesprächsablauf für das Telefongespräch, das „Skript". Die Erfahrungen einer Agentur sind hierfür eine große Hilfe.

Telefonskript

- Jedes Skript muss genau und ausführlich sein; von der Begrüßung bis zur Schlussformel muss alles darin aufgeführt werden.
- Ein Skript muss einen klaren Verlauf haben, aber immer in der Frage nach Unterstützung enden.
- Es muss verschiedene Gesprächspfade geben, welche die Antworten/Reaktionen der Angerufenen berücksichtigen.
- Sie müssen sich vorher über die möglichen Einwände des Angerufenen klar werden und sich Antworten zurechtlegen.
- Am Anfang muss immer die klare Nennung des Anrufers erfolgen sowie die Frage, ob der Anruf gelegen kommt oder nicht.
- Es muss genau erklärt werden, wofür das Geld bestimmt ist (welches Projekt, dringende Hilfe für …).

Sobald der Rücklauf des Vorabbriefes ausgewertet und das Skript erarbeitet ist, kann die eigentliche Telefonaktion beginnen. Es werden nur die Spender angerufen, die sich nicht gegen einen Anruf ausgesprochen haben.

Wie viel Druck soll man ausüben, um den Angerufenen zu überzeugen?

Als wir die ersten Erfahrungen im Telefon-Marketing machten, verließen wir uns auf eine amerikanische Agentur, die sagte, dass viel Druck notwendig sei, um gute Ergebnisse zu erzielen. Wir hatten kein gutes Gefühl dabei und behielten Recht.

Die amerikanische Agentur konnte nach den ersten Anrufen wunderbare Statistiken zeigen über den Erfolg der Aktion – viel Geld war am Telefon versprochen worden, nur: Die Spender bezahlten nicht. Sie hatten sich über die aufdringlichen Anrufer geärgert.

Praxis-Tipp:

Üben Sie am Telefon nicht zu viel Druck aus, da sonst die versprochenen Summen nicht bezahlt werden.

Durchführung der Aktion und Nachbearbeitung

Sie vereinbaren zusammen mit der Agentur, in welchem Zeitraum die Telefonaktion durchgeführt werden muss. Das ist wichtig, denn nur so kann der Anbieter die Durchführung Ihrem Zeitablauf entsprechend planen. Sollte die Telefonaktion zum Beispiel nur ein Zusatzaspekt einer breiter angelegten Inserat-Kampagne oder Ähnlichem sein, ist es wichtig, die Spender exakt zu dem Zeitpunkt anzurufen, an dem die Inserate noch laufen.

Die Daten und Informationen aus den Telefongesprächen – versprochene Geldbeträge, Kommentare, Bemerkungen der einzelnen Spender – werden gesammelt und erfasst. Lastschriftaufträge – die bequemste Art zu spenden – werden direkt vom Profi initiiert.

Unverzüglich nach einem Gespräch sollte auch ein entsprechendes Bestätigungs- und Dankschreiben an den Spender verschickt werden: Jeder verlorene Tag bedeutet verlorenes Geld oder, noch schlimmer, verlorenes Vertrauen.

Wichtig: Die Zahlungen der Spender sollten immer direkt an die Organisation gehen. Dies gilt besonders, wenn eine Profi-Agentur die Telefonaktion durchführt.

Kosten und Nutzen von Telefonaktionen

Was kosten richtig durchgeführte Telefonaktionen? Stehen Kosten und Nutzen in einem gesunden Verhältnis zueinander?

Erfahrungen bei „aktiven" Spendern zeigen, dass rund 20 Prozent der angerufenen Spender einem Lastschriftauftrag zustimmen, mit dem rund 240,– EUR/SFr pro Jahr und Spender gespendet werden. 40 Prozent der Angerufenen entscheiden sich für eine Einzelspende, deren Durchschnittshöhe sich auf 80,– EUR/SFr beläuft, während 20 Prozent unkonkrete Spendenzusagen machen und 20 Prozent mit „habe schon gespendet" antworten. Es entsteht somit ein durchschnittliches Spendenvolumen von 80,– EUR/SFr pro Telefonkontakt.

Und wie steht es bei „inaktiven" Spendern? Rund die Hälfte der Angerufenen ist grundsätzlich bereit, die Mitgliedschaft wieder aufzunehmen. Hier entscheiden sich durchschnittlich 10 Prozent für ein Lastschriftverfahren. Dies bewirkt Spenden von rund 240,– EUR/SFr pro Jahr. 35 Prozent entscheiden sich für eine Einzelspende von durchschnittlich 60,– EUR/SFr, während 30 Prozent unkonkrete Spendenzusagen machen. 35 Prozent antworten mit „habe schon gespendet". Das Mittel beträgt 45,– EUR/SFr pro Telefonkontakt.

Das durchschnittliche Kosten-/Nutzen-Verhältnis beträgt im ersten Jahr 1:2, im zweiten Jahr 1:3 und im vierten Jahr 1:4.

Wichtig: Achten Sie darauf, dass die Telefonisten – egal ob Sie die Aktion selber durchführen oder einen Profi damit beauftragen – einen pauschalen Betrag für jedes geführte Gespräch erhalten. So wird vermieden, dass die Gespräche unter Druck geführt werden; außerdem sind die Kosten im Voraus kalkulierbar.

Marcel Gantenbein, Leiter der Firma Schweizerischer Spendenhilfsdienst, spezialisiert auf Telefon-Fundraising und Seminare zum besseren Telefonieren im Non-Profit Bereich.

Direct Dialog – Persönliche Gespräche

von Baldwin Bakker

12

Neu-Spender-Werbung über persönliche Gespräche 120

Entscheidung für Direct Dialog 120

Die Durchführung von Direct Dialog-Kampagnen 123

Neu-Spender-Werbung über persönliche Gespräche

Das persönliche Gespräch ist nach wie vor die intensivste und interaktivste Form der Kommunikation und wird deshalb auch von jeher in unterschiedlichsten Ansätzen zur Gewinnung neuer Spender eingesetzt.

Erfolgreiche Kampagnen haben folgende Gemeinsamkeiten:

- Der Fokus liegt auf interaktiver Information mit dem Ziel, langfristige Spender zu finden.
- Die Ansprache der potenziellen Spender erfolgt auf öffentlichen oder privaten Plätzen mit ausreichend hoher Frequenz, bei Veranstaltungen oder teilweise auch an der Haustüre.
- In den meisten Fällen wird ein automatisches Zahlungsverfahren, das wiederkehrende Zahlungen ermöglicht (in der Regel das Lastschriftverfahren oder Kreditkartenverfahren) verwendet.
- Bei den Kampagnen wird bezahltes Personal eingesetzt, welches oft nur zur Durchführung der Kampagne eingestellt wird.

In der Fundraising-Szene hat sich mittlerweile der Begriff „Direct Dialog" für diese Kampagnen etabliert. Nachdem die Ansprache immer häufiger am Informationsstand und nicht an der Haustüre stattfindet, wird in den nachfolgenden Kapiteln schwerpunktmäßig diese Form von Direct Dialog-Kampagnen beschrieben.

Entscheidung für Direct Dialog

Die Durchführung von Direct Dialog-Kampagnen am Informationsstand wird stärker wahrgenommen als jede andere Fundraising-Aktivität.

Umso wichtiger ist es, sich schon im Laufe der Entscheidungsfindung mit den möglichen Konsequenzen dieser Wahrnehmung auseinander zu setzen und sicherzustellen, dass der Entschluss hin zu einer derartig „öffentlichen" Maßnahme innerhalb der gesamten Organisation und natürlich vom jeweiligen Aufsichtsorgan (Verwaltungsrat, Vorstand, etc.) mitgetragen wird.

Direct Dialog-Kampagnen sind als mittelfristiges Investment zu betrachten. Erst die Betrachtung über einen Zeitraum von mehreren

Jahren zeigt, dass es sich hierbei um eine günstige Alternative zu den traditionellen Maßnahmen der Neu-Spender-Gewinnung handelt.

Bevor mit den Kampagnenvorbereitungen begonnen werden kann, sind einige grundsätzliche Entscheidungen zu treffen.

Wer führt die Kampagne durch?

Wie bei anderen Fundraising-Aktivitäten stellt sich auch bei Direct Dialog-Kampagnen die Frage, ob Sie diese selbst durchführen oder ein spezialisiertes Unternehmen mit der Durchführung beauftragen. Beide Varianten haben ihre Vorteile und Nachteile.

Selbst durchgeführte Kampagnen

Vorteile:

- Genaue Kenntnis und Kontrolle aller Prozesse
- Kurze Entscheidungswege und schnelle Reaktionsmöglichkeiten
- Selbst durchgeführte Kampagnen werden von den Medien und der Öffentlichkeit wohlwollender betrachtet.

Nachteile:

- Die Erarbeitung des notwendigen Direct Dialog-Know-hows ist zeitintensiv und teuer.
- Die internen Ressourcen sind schwer abgrenzbar und werden meist zu ungenau bewertet; dies führt zu Verzerrungen in der Erfolgsbewertung.
- Die normale, meistens hohe Personalfluktuation unter den Mitarbeitern ist für Organisationen, die nicht darauf eingestellt sind, schwer zu bewältigen.
- Es gibt immer wieder Mitarbeiter, die nicht für diesen Job geeignet sind. Für eine Non-Profit-Organisation ist es aufgrund der Organisationskultur meist sehr schwierig, diese Arbeitsverhältnisse aufzulösen.
- Höheres Investitionsrisiko

Von Unternehmen durchgeführte Kampagnen

Vorteile:

- Externe Dienstleister können aufgrund ihrer Erfahrung maßgeschneiderte Lösungen anbieten, kennen den Markt sehr genau und können aus diesem Grund bei der Positionierungsstrategie sehr hilfreich sein.
- Durch die oftmals höhere Performance werden die Kampagnen meist günstiger als interne Programme.
- Eine klare Kostenstruktur ist bekannt.
- Für die Non-Profit-Organisation ist diese Variante weniger zeitintensiv; sie kann sich auf ihre Kernaufgaben konzentrieren.
- Manchmal tragen die Agenturen einen Teil des Risikos.

Nachteile:

- Die Kampagne muss eine gewisse Größe haben, damit Partner für eine externe Lösung gefunden werden können.
- Auch verantwortungsvolle Unternehmen arbeiten natürlich gewinnorientiert, damit entsteht automatisch ein gewisses Spannungsfeld im Umkreis der Non-Profit-Organisation.
- Nicht alle externen Dienstleister sind zuverlässige Partner.
- Höheres Medienrisiko

Interne Lösungen werden meist von kleinen Non-Profit-Organisationen bevorzugt, die nur über geringe finanzielle Mittel verfügen. Auch wenn eine Non-Profit-Organisation nur eine kleine, lokale Kampagne durchführen oder bei gewissen Anlässen vertreten sein möchte, sind interne Lösungen sehr sinnvoll. Bei größeren Kampagnen werden im Regelfall Dienstleister beauftragt.

Dienstleister arbeiten ausschließlich mit bezahlten Mitarbeitern, an die sie auch die in der Arbeitswelt üblichen Anforderungen stellen können.

Die Durchführung von Direct Dialog-Kampagnen

Auswählen des Kampagnenthemas

Entscheidend für den Erfolg der Kampagne ist die Auswahl des Themas. Es sollte sich wie ein roter Faden durch die gesamte Kampagne ziehen: Es dient am Informationsstand als Aufhänger, ist ein wichtiger Bestandteil des Gesprächs und wird im Werbematerial meist nochmals aufgegriffen. Und natürlich findet es auch in der laufenden Spenderbetreuung wieder seinen Platz.

Die wichtigsten Überlegungen zum Thema sind:

- Gibt es ein aktuelles Thema, zum Beispiel ein Thema des Jahres?
- Existieren bereits Unterlagen, die man für die Kampagne verwenden kann, zum Beispiel Bild- oder Werbematerial?
- Wird dieses Thema in der Öffentlichkeit als wichtiges Anliegen akzeptiert?
- Wie polarisierend ist das Thema?
- Ist das ausgewählte Thema auch medienwirksam?
- Ist das Thema originell in dem Sinne, dass es von der Öffentlichkeit hauptsächlich der werbenden Organisation zugeordnet wird, oder ist es auch von anderen Non-Profit-Organisationen besetzt?

Der Informationsstand funktioniert dabei als „Eyecatcher“: Dort reicht es, das Thema mit wenigen Fotos und einem Slogan anzureißen. Im persönlichen Informationsgespräch wird das Thema anschließend vertieft. Gleichermaßen wichtig ist, nicht nur Probleme, sondern auch Lösungen, Alternativen und Erfolge der Organisation zu präsentieren.

Zielgruppendefinition

Da fast jede erdenkliche Zielgruppe am Informationsstand anzutreffen ist, ist eine Spezialisierung im Vorfeld auf eine bestimmte Zielgruppe nicht sinnvoll.

Die meist selbst noch jungen Mitarbeiter sprechen tendenziell eher jüngere Personen an. Dies resultiert daraus, dass junge Menschen offener für die persönliche Ansprache zu sein scheinen und auch weniger Bedenken haben, ihre Daten wie zum Beispiel die Kontonummer anzugeben. Erfahrungsgemäß sind die meisten Neu-Spender zwischen 20 und 30 Jahre alt.

Spendertreue und Zahlungsverhalten steigen jedoch mit zunehmendem Alter an. Aus diesem Grund weisen viele Organisationen und Dienstleister ihre Mitarbeiter an, gezielt älteres Publikum anzusprechen.

Lastschriftverfahren

Wie bereits erwähnt, werden bei Direct Dialog-Kampagnen in erster Linie langfristige Spendenzusagen auf Basis des Lastschriftverfahrens gewonnen. Das heißt, der zugesagte Betrag wird im vereinbarten Intervall (monatlich, quartalsweise, jährlich) automatisch vom Konto des Spenders abgebucht. Dadurch werden die künftigen Spendeneinnahmen sehr gut budgetierbar und es entstehen nur minimale Kosten in den Folgejahren.

Die Lastschriftverfahren sind in den meisten Ländern mittlerweile sehr konsumentenfreundlich, da innerhalb einer gewissen Frist die Überweisung rückgängig gemacht werden kann.

Die Spender müssen allerdings ihrerseits aktiv werden, um das Lastschriftverfahren endgültig zu kündigen. Es ist Aufgabe der Organisation sicherzustellen, dass die Spender dies ohne großen Aufwand und Formvorschriften jederzeit erledigen können.

Personalentwicklung

In der Personalentwicklung liegt sicherlich eine der größten Herausforderungen von Direct Dialog-Kampagnen. Je nach der Größe der Kampagne wird eine erhebliche Anzahl von Mitarbeitern (Dialogern) benötigt.

Der Job als Dialoger erfordert die Fähigkeit, auf fremde Personen zugehen zu können, Durchhaltewillen und eine hohe Frustrationstoleranz. Selbständiges Arbeiten und Eigenmotivation sind entscheidend für den Erfolg einer Kampagne. Aufgrund des Berufsbildes muss mit typischen Außendiensterscheinungen wie etwa dem Burnout-Syndrom gerechnet werden. Am ehesten lässt sich dies verhindern, indem Mitarbeiter nur befristet eingesetzt werden.

Erfahrungsgemäß bringen junge Menschen, sehr oft auch Studenten oder Auszubildende, die notwendigen Voraussetzungen mit: Sie lernen schnell, sind bereit, sich weiterzubilden und lassen sich nicht sofort entmutigen. Sie haben neben ihrer Arbeit als Dialoger auch einen anderen Lebensinhalt und dieser Ausgleich ist für die Motivation bei der Arbeit sehr wichtig.

Es ist durchaus auch möglich, ältere Personen als Dialoger einzusetzen, was bei der Arbeit mit Freiwilligen in der Regel unvermeidbar ist.

Schulung

Bevor ein Dialoger mit der Arbeit am Infostand beginnen kann, muss er intensiv geschult werden.

Informationen über die Non-Profit-Organisation sollten neben den schriftlichen Unterlagen immer von der Organisation selbst vermittelt werden. Hilfreich ist, wenn diese Schulungen von erfahrenen und charismatischen Mitarbeitern durchgeführt werden, damit sich die Dialoger möglichst gut mit den Zielen der Organisation identifizieren können.

Der zweite Bereich betrifft den Bereich der Kommunikation: Dazu gehören Aufbau und Ablauf des Gesprächs, nonverbale Kommunikation und viele weitere Details, die notwendig sind, um bei Direct Dialog-Kampagnen erfolgreich zu sein.

Standplatzplanung

Nicht jeder Ort eignet sich für einen Infostand. Die Passantenfrequenz muss entsprechend hoch sein.

Für jeden Standplatz – gleichgültig ob auf öffentlichem oder privatem Grund – muss eine Genehmigung beantragt werden.

Die Benutzung der Standplätze beziehungsweise das Ausstellen der Bewilligung sind in der Regel kostenpflichtig. Öffentliche Standplätze müssen meist entweder beim Gewerbeamt, der Polizei oder der Gemeinde angefragt werden.

Bewilligungen für private Standplätze, wie zum Beispiel vor Einkaufszentren oder Bahnhöfen, sind in der Regel schwieriger zu bekommen, da oft unklar ist, wer für die Vergabe der Genehmigungen verantwortlich ist. Meist sind diese auch erheblich teurer als öffentliche Standplätze.

Material

Für viele Passanten ist die Ansprache am Informationsstand der erste Kontakt mit der jeweiligen Non-Profit-Organisation. Der Auftritt sollte einen positiven Eindruck vermitteln und deshalb professionell gestaltet sein.

Der Informationsstand ist in der Regel eine Einzelanfertigung. Im Gegensatz zu einem Messestand muss der Informationsstand auch wetterfest sein, da Wind und Regen zum Alltag einer Direct Dialog-Kampagne gehören. Auch die Kleidung der Dialoger – sie sollte auf jeden Fall einheitlich sein und den Dialoger als Vertreter der Organisation „erkennbar" machen – hat diesem Umstand Rechnung zu tragen. Ein Ausweis sollte immer sichtbar getragen werden.

Das zu verteilende Informationsmaterial sollte klar strukturiert und auf das ausgewählte Thema zugeschnitten sein. Das Aufnahmeformular muss alle wichtigen Angaben zur Spendenart (Mitgliedschaft, Patenschaft, Fördermitgliedschaft) sowie die persönlichen Daten des Spenders enthalten, da diese für die spätere Betreuung benötigt werden.

Zusätzlich werden der Spendenbetrag, das Zahlungsintervall und die Kontodaten erfasst. Das Formular besteht aus mehreren Durchschriften, wovon eine immer beim Spender verbleiben sollte; die restlichen werden für die weitere Verarbeitung benötigt. Auf jeden Fall ist über die jederzeitige Rücktritts- und Kündigungsmöglichkeit, eventuelle gesetzliche Rückbuchungsfristen und andere nationale konsumentenschutzrechtliche Bestimmungen hinzuweisen.

Je transparenter der Auftritt insgesamt ist, desto weniger sind Probleme mit Behörden, Passanten oder Medien zu erwarten. Das heißt, wenn die Kampagne von einem Dienstleister durchgeführt wird und die Dialoger für ihre Arbeit bezahlt werden, muss dies auch am Informationsstand, am Ausweis und dem Informationsmaterial ersichtlich sein.

Neu-Spender-Gewinnung am Informationsstand

Ein Großteil der angesprochenen Personen wird wenig Interesse zeigen, umso wichtiger ist es, möglichst viele Kontakte anzustreben.

Die erste Schwierigkeit besteht darin, die Passanten zum Stehenbleiben zu bewegen und in ein Gespräch zu verwickeln. Am meisten Erfolg hat der Dialoger, wenn er den Passanten freundlich anspricht. Im persönlichen Gespräch spielen Emotionen eine große Rolle – ein Lächeln ist daher der erste Schritt zu einem angenehmen Gespräch.

Pro Arbeitstag sollte ein Dialoger zumindest 100 bis 200 Personen ansprechen. Nur aus einem Bruchteil der Kontakte ergeben sich tatsächlich Gespräche. Diese sollten zuallererst informativ sein. Der Passant muss nachvollziehen können, warum die Organisation unterstützenswert ist. Darum empfiehlt es sich – wie bereits vorher erwähnt – neben den Problemen auch die Erfolge der Organisation zu präsentieren.

Im nächsten Schritt wird erklärt, wie das eingesetzte Zahlungsverfahren funktioniert und im Falle einer Zusage das Aufnahmeformular ausgefüllt. Im Regelfall sind die Höhe der Spende und das Zahlungsintervall vom Spender selbst zu bestimmen.

Die Gesprächsdauer ist individuell, im Durchschnitt beträgt sie etwa fünf bis zehn Minuten.

Umgang mit Medien

Grundsätzlich gilt: Je offener und transparenter die Non-Profit-Organisation und der Dienstleister über die Direct Dialog-Kampagnen und ihre Tätigkeiten Auskunft geben, desto weniger Angriffsfläche bieten Sie Journalisten, die Kampagne zu kritisieren.

Datenverwaltung

Um Fehler bei der Datenerfassung zu vermeiden, muss der Dialoger am Informationsstand das Aufnahmeformular mit höchster Sorgfalt ausfüllen. Es sollten möglichst alle Daten vollständig ausgefüllt werden.

Die Datenverwaltung selbst wird immer komplexer, die Datenmengen immer größer. Die Analyse- und Auswertungsbedürfnisse werden höher und die Software teurer. Die Datenverwaltung wird für die Organisationen zu einer Belastung und die Auslagerung der Datenverwaltung an externe Dienstleister eine gern gewählte Alternative.

Spenderbetreuung

Die Pflege der neu gewonnnen Spendenzusagen ist ausschlaggebend für den längerfristigen Erfolg einer Informationskampagne. Wird ein Neu-Spender gut betreut, bleibt er der Organisation in der Regel durchschnittlich zwischen vier und zehn Jahren treu. Zumindest vier bis sechs Kontakte pro Jahr sollten die Regel sein.

In den letzten Jahren hat sich herausgestellt, dass die Spender von Direct Dialog-Kampagnen sich sehr gut telefonisch betreuen lassen. Im Rahmen dieser Betreuung können die Spendenzusagen erhöht werden, zusätzliche Spenden erbeten oder eine höhere Art der Unterstützung erbeten werden. Zudem können aus verschiedensten Gründen inaktiv gewordene Spendenzusagen mittels Telefon wieder erfolgreich reaktiviert werden.

Auswertungen

Die wichtigste Kennzahl bei Direct Dialog-Kampagnen ist die Summe aller neu gewonnenen Spendenzusagen, das „Potenzial".

Die Stornierungsrate gibt an, wie viele Spender ihre Spendenzusage widerrufen. Tendenziell lässt sich festhalten, dass die Stornierungsraten abnehmen, je älter die Spendenzusage ist. Die Stornierungsquote beträgt in den ersten Jahren nach der Kampagne zwischen 10 und 25 Prozent.

Das Potenzial abzüglich der Stornierungen ergibt die aktiven Spendenzusagen.

Nicht jede aktive Spendenzusage lässt sich aber auch tatsächlich erfolgreich buchen. Die „Realisierungsrate" gibt an, wie viele der aktiven Spendenzusagen tatsächlich erfolgreich gebucht werden konnten. Im Jahr der Kampagne sollten zwischen 60 und 80 Prozent und in den darauf folgenden Jahren 70 bis 90 Prozent der Spendenzusagen tatsächlich realisiert werden können.

Berücksichtigt man neben diesen angeführten Kennzahlen nun noch die Zahlungsintervalle der Spendenzusagen, kann man die üblichen Kennziffern wie den ROI (Return on Investment), den Break-even-Punkt oder den Life-time-value prognostizieren.

Wenn man die Kosten und Einnahmen gegenüberstellt, sollten die Einnahmen in der Regel nach einem Zeitraum von zwölf bis 30 Monaten höher sein als die dafür eingesetzten Mittel (Erreichung des Break-even-Punktes).

Fazit

Direct Dialog-Kampagnen haben sich erst in den letzten Jahren verstärkt als zusätzliche Fundraising-Methode am Markt etabliert.

In der mittel- bis langfristigen Betrachtungsweise sind Direct Dialog-Kampagnen eine sichere Investition und in vielen Ländern eine relativ günstige Fundraising-Methode zur Gewinnung von Neu-Spendern.

Baldwin Bakker, Geschäftsführer Fundraising der Corris AG, spezialisiert auf Direct Dialog- und Call Center-Fundraising (Neuspendergewinnung am Infostand und Spenderbetreuung am Telefon).

Häufig auftretende Probleme

13

Der Umgang mit Fragen
und Beschwerden 132

Lösungsvorschläge zu
wiederkehrenden Problemen 133

Wie bleiben Spender treu? 136

Der Umgang mit Fragen und Beschwerden

Es gibt immer Menschen, die sich beschweren, und je mehr Briefe Sie versenden, umso mehr Beschwerden oder Klagen werden Sie erhalten. Besonders wenn Sie ein neues Mailing-Programm starten, werden einige Ihrer Spender ihrer Verwunderung oder ihrem Ärger Ausdruck verleihen.

Wichtig: Sie dürfen kritische Stimmen (schriftliche und telefonische) nicht übergehen, sondern Sie sollten nach Lösungen suchen, um Kritik so gering wie möglich zu halten.

Regeln zum Umgang mit Beschwerden

Nehmen Sie jede Reaktion ernst!

Wenn sich jemand die Zeit nimmt, Sie anzurufen oder Ihnen zu schreiben, um eine Beschwerde loszuwerden, ist das ein gutes Zeichen. Der Absender hat so viel Interesse an Ihrer Arbeit, dass er aktiv wird, Ihnen sagt, was ihn stört, und vielleicht sogar eine Lösung vorschlägt. Dies macht es doppelt wichtig, Beschwerden ernst zu nehmen und nach einer Lösung zu suchen.

Ich habe immer wieder festgestellt, dass die schnelle, aufrichtige und effiziente Beantwortung einer Beschwerde dazu führte, dass der Klagende zu einem aktiven Spender einer Organisation wurde. Eine Faustregel besagt, dass hinter jedem Spender, der sich meldet und seinem Ärger Luft macht, sich zehn weitere verbergen, die sich ärgern, aber nichts sagen. Im Falle von Zeitungen rechnet man damit, dass bei jedem Leserbrief 300 schweigende Anhänger der gleichen Ansicht sind.

Antworten Sie schnell und persönlich

Auch wenn Sie vielleicht zuerst nur sagen können, dass Sie mehr Zeit brauchen, um die Angelegenheit aufzuklären: Es ist enorm wichtig, dass Sie sofort – schriftlich oder telefonisch – auf eine Beschwerde reagieren.

Beschwerden sind Chefsache!

Ihr Chef muss diese Briefe sehen und abschätzen, ob sich Beschwerden häufen oder sich ein Trend erkennen lässt. Für die Beantwortung ist es ausreichend, den Brief zu kategorisieren und zur Bearbeitung weiterzuleiten. Oft sind ein paar handgeschriebene Worte aber wirksamer als ein langer Brief! Wichtig ist, dass der Spender sich ernst genommen fühlt.

Praxis-Tipp:

Versuchen Sie, Probleme vorauszusehen und zu verhindern! Sitzungen für präventives „troubleshooting" sind bei der Planung jeder Aussendung wichtig und lohnen sich allemal.

Lösungsvorschläge zu wiederkehrenden Problemen

Warum bekomme ich immer mehrere Exemplare des gleichen Briefes?

Wer mit Direct Mail und/oder Adressverwaltung zu tun hat, weiß, dass es immer wieder vorkommen wird, dass Briefe mehrfach versendet werden, trotz aller Mühe, die man aufwendet, um dies zu vermeiden.

Die meisten Empfänger werden die zusätzlichen Briefe in den Papierkorb werfen, sich über die Verschwendung ärgern und denken, dass Ihre Organisation Spenden-Gelder ineffizient einsetzt.

Der ideale Spender informiert Sie, teilt Ihnen die verschiedenen Namen, Adressen und Kundennummern mit, unter denen er die Mailings erhält. Problematisch ist, dass Spender nicht wissen, dass wir auf Namen und Anschrift verzichten können, wenn wir nur die Kundennummer erfahren. Dieser Zusammenhang muss vorsichtig und mit viel Einfühlungsvermögen erklärt werden, um zu verhindern, dass der Spender sich auf eine Nummer reduziert fühlt.

Musterschreiben: Doppelte Exemplare des gleichen Briefes

Sehr geehrte/liebe Frau Meyer,

Sie gehören zu unseren treuen Spendern, und wir danken Ihnen für Ihre Unterstützung.

Wir möchten uns entschuldigen, dass Sie mehrere Exemplare unseres letzten Spendenaufrufs erhalten haben. Gerne erkläre Ich Ihnen, wie es dazu kam.

Wir überprüfen die Namen unserer Spender regelmäßig per Computer. Dabei sollen Doppelnennungen erkannt und automatisch gelöscht werden. Leider war Ihre Adresse mehrmals mit jeweils kleinen Abweichungen gespeichert. Beim Adressabgleich ist dann schwer zu beurteilen, ob es sich bei fast gleichen Namen und Adressen um die gleiche Person handelt.

Wir werden die nicht korrekten Namen oder Adressen selbstverständlich umgehend löschen.

Vielen Dank, dass Sie sich die Mühe gemacht haben, uns zu benachrichtigen.

Bitte unterstützen Sie uns weiter. Ihr Beitrag ist lebenswichtig für unsere Aufgaben. Sollte wieder etwas vorkommen, das Sie stört oder ärgert, lassen Sie es mich bitte sofort wissen, und ich werde die Sache in Ordnung bringen.

Mit freundlichen Grüßen

Woher haben Sie meinen Namen?

Diese Frage wird häufig bei Mailings gestellt, die der Gewinnung neuer Spender dienen. Die Menschen sind sensibel geworden, sie wollen nicht, dass ihre Adresse weitergegeben wird. Eine freundliche Antwort wirkt oft Wunder.

Musterschreiben: Herkunft der Adresse

Sehr geehrte/liebe Frau Meyer,

vielen Dank für Ihre Anfrage nach der Herkunft Ihrer Adresse.

Unsere Organisation erhält die finanziellen Mittel für ihre Arbeit von einigen treuen Spendern, die es uns möglich machen, Hilfe zu leisten.

In letzter Zeit haben wir angesichts neuer Probleme immer mehr Aufgaben übernehmen müssen. Dafür benötigen wir mehr Geld. Woher sollen wir es bekommen? Wir versuchen, unsere Anliegen und Aufgaben weiter publik zu machen und so neue Spender zu gewinnen. Der Brief an Sie war solch ein Versuch. Ihre Adresse war in einer Liste enthalten, die wir von einer spezialisierten Agentur erhielten.

Ich möchte klarstellen, dass wir nur Ihre Adresse erhielten und keinerlei weitere Informationen.

Ich würde mich sehr freuen, wenn Sie sich entschließen könnten, unsere Arbeit mit einem Beitrag zu unterstützen. Damit Sie sich ein Bild von unseren Aufgaben machen können, lege ich Ihnen eine kleine Broschüre bei.

Sollten Sie noch weitere Fragen haben, stehe ich Ihnen selbstverständlich gerne zur Verfügung.

Mit freundlichen Grüßen

In den meisten Fällen genügt solch ein eher allgemeines Schreiben, um den Empfänger zu beruhigen. Sollte er jedoch darauf bestehen, Genaueres zu erfahren, müssen Sie sich die Mühe machen, anhand der Codes herauszusuchen, aus welcher Liste Sie den Namen erhalten haben.

Warum verschwenden Sie Spenden-Gelder für Fundraising?

Einige Empfänger/Spender werden wissen wollen, wie viel Geld Sie für die Mittelbeschaffung ausgeben. Sie wollen, dass ihre Spende exklusiv eingesetzt wird, um anderen zu helfen. Andere wollen genaue Zahlen: Wie viel bleibt vom gespendeten Geld für die eigentliche Arbeit übrig? Im Allgemeinen wird folgende Antwort diese Fragen klären.

Musterschreiben: Welche Spenden-Gelder werden für die eigentliche Arbeit verwendet?

Sehr geehrte/liebe Frau Meyer,

wir möchten uns bei Ihnen dafür bedanken, dass Sie sich die Mühe gemacht haben, uns zu schreiben, um sich nach unseren Ausgaben und der Verwendung unserer Spenden-Gelder zu erkundigen.

Beiliegend erhalten Sie unseren Jahresbericht. Den Informationen auf Seite ... können Sie entnehmen, wie viel Geld wir für unsere verschiedenen Tätigkeiten ausgeben. Sie ersehen daraus, dass wir nur ... Prozent der Spenden für Verwaltungs- und andere Kosten ausgeben und ... Prozent der eigentlichen Hilfe zugute kommen.

Dies ist im Vergleich mit anderen Werken ein sehr guter Prozentsatz, und wir sind stolz darauf, dass es uns jedes Jahr wieder gelingt, Spenden Gelder so sparsam wie möglich einzusetzen.

Darf ich Ihnen noch etwas erklären? Wie Sie wissen, wird unsere Arbeit hauptsächlich von Spendern finanziert. Jedes Jahr aber gibt es Spender, die uns nicht länger unterstützen wollen oder können. Darum müssen wir unbedingt einen kleinen Teil unserer Einnahmen einsetzen, um neue Spender von der Wichtigkeit unserer Arbeit zu überzeugen. Nur wenn wir weiterhin genügend Spenden erhalten, können wir helfen.

Je mehr Spender wir haben, desto mehr Geld haben wir zur Verfügung um zu helfen. Darum ist Ihre Unterstützung so wichtig.

Ich hoffe, ich habe Ihre Frage zufrieden stellend beantwortet. Wenn dies nicht der Fall sein sollte, rufen Sie mich bitte an oder schreiben Sie mir, und ich gebe Ihnen gerne zusätzliche Informationen

Ich danke Ihnen noch einmal, dass Sie sich die Mühe gemacht haben, uns zu schreiben, und verbleibe

mit freundlichen Grüßen

Wie bleiben Spender treu?

Es ist eine traurige Tatsache, dass Spender in den seltensten Fällen ewig treu bleiben. Sie senden weiter Ihre Spenden-Appelle, aber die Empfänger reagieren nicht mehr. Der „Spender-Schwund" (attrition rate) ist eine der größten Schwierigkeiten des Fundraisers. Was kann man dagegen tun?

Die meisten Organisationen streichen diese Adressen nach einiger Zeit (im Allgemeinen nach etwa zwei bis drei Jahren). Damit verlieren sie den Spender endgültig. Das ist schade, denn manchmal genügt eine kleine Extra-Anstrengung, um das Interesse neu zu wecken und wieder einen aktiven Wohltäter zu Ihrer Organisation zu zählen.

Wichtig: Versuchen Sie, 18 bis 24 Monate nach der letzten Reaktion einen Spezialbrief zu senden.

Ein Teil der Spender wird hierauf mit einer Spende reagieren. Was ist mit den anderen? Machen Sie es ihnen so leicht wie möglich, zu reagieren und Sie zu kontaktieren. Sie können beispielsweise eine adressierte und bereits frankierte Postkarte beilegen.

Reaktivierungskarte

Mit einer Briefmarke frankierte Antwort-Postkarten lohnen sich. Die Briefmarke erhöht den moralischen Druck erheblich und beschert Ihnen überdurchschnittlich hohe Rücklaufquoten.

Die Karte kann gemeinsam mit dem Mailing produziert werden. Sie ist mit dem Namen des Empfängers personalisiert, trägt auf der einen Seite Ihre Postadresse, auf der anderen mehrere Antwort-Möglichkeiten, die vom Empfänger angekreuzt werden können.

Die vorgegebenen Antwort-Möglichkeiten könnten so aussehen:

- Meine Adresse ist nicht richtig. Bitte korrigieren Sie sie wie folgt: ______________________________
- Ich kann vorläufig nicht mehr spenden. Bitte senden Sie mir in absehbarer Zeit keine Post mehr.
- Bitte streichen Sie meine Adresse.

Darunter sollten Sie Platz für Anmerkungen lassen und dem Empfänger die Möglichkeit für persönliche Mitteilungen geben.

Ein derartiges Mailing erzielt keine überwältigenden Rückläufe, aber doch höhere als kalte Mailings. Es gestattet Ihnen, „inaktive" Spender zu aktivieren und den Kontakt wieder aufzunehmen. Zusätzlich können Sie „tote" Adressen aus Ihrer Kartei nehmen und somit bei zukünftigen Mailings Kosten sparen.

„Warum haben Sie uns verlassen?"

Dies ist eine weitere Maßnahme, um „schlafende" Adressen zu aktivieren. Sie senden an Nicht-Beantworter des ersten Mailings ein weiteres Schreiben, das diese Klage beinhaltet.

Musterschreiben: Warum haben Sie uns verlassen?

Sehr geehrte/liebe Frau Meyer,

vor mehr als einem Jahr sandten Sie uns eine Spende. Ihre damalige Unterstützung von … hat dazu beigetragen, dass wir mit unserer Arbeit weiter helfen konnten. Noch einmal danke ich Ihnen von Herzen dafür.

Seit einiger Zeit haben wir neue Aufgaben übernehmen müssen … (Einzelheiten darstellen)

Wir wären Ihnen sehr dankbar, wenn Sie uns noch einmal helfen könnten. Jeder Spenden-Betrag ist für uns von größter Wichtigkeit und ein Zeichen, dass Sie uns nicht vergessen haben. Könnten Sie den beiliegenden Zahlschein verwenden, um uns noch einmal mit einer Spende zu unterstützen?

Vielleicht hat sich Ihre Spende mit diesem Schreiben zeitlich überschnitten, dann danke ich Ihnen im Voraus. Vielleicht ist uns auch ein Fehler passiert und wir haben eine Ihrer Spenden nicht richtig verbucht. Falls dies der Fall sein sollte, bitten wir um eine entsprechende Nachricht, damit wir unseren Irrtum sofort berichtigen können.

Sollten Sie sich entschlossen haben, nicht wieder zu spenden, möchten wir Sie bitten, sich einen Moment Zeit zu nehmen, um uns zu sagen, warum. Wenn wir Sie verärgert oder verletzt haben, möchten wir alles unternehmen, um dies wieder gutzumachen.

Haben Sie Fragen? Möchten Sie Vorschläge machen? Mit der beiliegenden Karte haben Sie Gelegenheit, uns einfach und gratis zu antworten. Aber auch ein Anruf würde uns freuen.

Auf jeden Fall werden wir Ihnen so schnell wie möglich antworten.

Mit freundlichen Grüßen

Ob Sie so weit gehen wollen, müssen Sie selbst entscheiden. Vergessen Sie nicht: Ihre Spender geben freiwillig. Ihre Organisation hat kein Recht auf die Spende! Zu oft und zu lange auf einer weiteren Spende zu beharren, kann bei einem nicht länger interessierten Spender zu ziemlicher Irritation führen.

Der Zeitpunkt für Reaktivierungsmaßnahmen

Wie viel Zeit sollten Sie verstreichen lassen oder wie viele Briefe senden, bevor Sie zu den obigen Maßnahmen greifen?

Nur die Analyse Ihrer Datenbestände kann Ihnen diese Frage beantworten.

Ab welcher Kostenhöhe wird es billiger, einen neuen Spender zu finden?

Die Antwort auf diese Frage hängt selbstverständlich auch von der Spenden-Höhe des abgesprungenen Spenders ab. Klar, dass Sie mehr Geld und Anstrengung in die Wiedergewinnung eines guten Spenders investieren können, der mehrmals höhere Beträge spendete, als in die Wiedergewinnung anderer Spender.

Was machen Sie mit den Namen ehemaliger Spender?

Am besten, Sie behandeln sie wie kalte Adressen und senden ihnen nach einiger Zeit wieder ein entsprechendes Mailing.

Auswertung des Mailings

14

Tipps zur Mailing-Kontrolle 140

Die Auswertung:
Welche Kriterien geben Auskunft? . . . 142

Die Mailing-Kosten 147

Tipps zur Mailing-Kontrolle

Geübte Fundraiser haben gelernt, mit der Spannung zu leben, die jede Aussendung begleitet. Aber wir alle werden wohl immer vor jedem wichtigen, großen oder neuen Versand ein wenig Beklommenheit spüren.

Damit diese im vernünftigen Rahmen bleibt, noch ein paar Tipps, um zumindest das termingerechte und einwandfreie Eintreffen der Mailings zu kontrollieren:

Termin- und Qualitätskontrolle

- Erkundigen Sie sich nach dem Datum, an dem Ihr Mailing bei den potenziellen Spendern eintreffen soll. Die Postvorschriften besagen, nach wie vielen Tagen Briefe und Drucksachen verteilt sein müssen.
- Richten Sie als zusätzlichen Kontrollfaktor Ihr privates Meldesystem ein: Lassen Sie das Mailing an mehrere Adressaten schicken, die Sie umgehend telefonisch über den Ankunftstag informieren.
- Ein weiteres Mittel ist der Aushang im Büro. Hier tragen Mitarbeiter der Organisation ein, wann das Mailing an ihrer Privatadresse ankam.
- Lassen Sie sich die Mailings geben, und prüfen Sie sie sorgfältig auf Vollständigkeit, etwaige Druck- und Farbfehler, Beschädigungen und dergleichen.
- Wenn das eine oder andere Mailing nicht einwandfrei ist, sollten Sie sofort einen Beschwerdebrief verfassen. Manchmal ist ein fehlerhaftes Mailing, das zu Ihnen vordringt, nur die Spitze des Eisbergs.

Unrealistische Erwartungen: Mit welchen Reaktionen ist zu rechnen?

In den ersten Tagen nach Ihrem Versand werden die Zahlungen nur tröpfeln, das Telefon aber vielleicht heißlaufen. Auch das ist kein Grund zur Panik. Die Menschen werden nicht zur Post oder Bank rennen, um für Sie zu spenden, aber sie greifen schnell zum Telefon.

Wenn Sie Ihre Mailings zwischen dem 10. und 20. des Monats abgeschickt haben, können Sie damit rechnen, dass

- Ende des laufenden Monats etwa 1/3 der Spenden eingegangen sind

- am 15. des Folgemonats 2/3 der Spenden eingegangen sind
- das letzte Drittel später eintrifft

Dies sind natürlich nur ungefähre Richtwerte.

Zu hohe Erwartungen

Ich habe immer wieder festgestellt, dass Organisationen extrem enttäuscht waren, wenn sie „normale“ Rücklaufquoten – zwischen 1 und 5 Prozent – auf kalte Mailings hatten.

Die meisten Organisationen sind davon überzeugt, dass ihr Ergebnis besser sein sollte und sie zu jener Ausnahme gehören, die höhere Rückläufe erwarten darf. Dabei muss man sich heute freuen, wenn kalte Mailings ohne spezielle Spenden-Anreize kostendeckend sind

Fluktuation

Fluktuationen in den Rückläufen sind bis zu einem gewissen Grad normal. Wenn allerdings plötzlich ein Rückgang der Spenden festzustellen ist, sollten Sie abklären, ob bei der Übermittlung der Daten etwas nicht klappt.

Beschwerden

Beschwerden kommen sicher und fast alle in der ersten Woche, nachdem die Spender das Mailing erhalten haben. Man benötigt gute Nerven und einige Erfahrung, um in derartigen Situationen nicht in Panik zu geraten.

In der Zwischenzeit sollten Sie alle Telefonate, Briefe und sonstigen Reaktionen sofort bearbeiten. Beantworten Sie auch Briefe, die Ihre Organisation beleidigen und Ihre Arbeit in den Schmutz ziehen!

Kein Feedback, keine Reaktionen

Wenn praktisch keine Reaktionen auf ein Mailing erfolgen, werde ich unruhig. War das Mailing zu zahm? Habe ich versucht, es allen recht zu machen, und dabei den notwendigen „Biss“ verloren? In diesem Fall sollte man das versandte Mailing noch einmal einer kritischen Prüfung unterziehen, um die Ursachen der Misserfolgs in Erfahrung zu bringen.

Die Auswertung: Welche Kriterien geben Auskunft?

Nach drei Monaten sollten etwa 98 Prozent des zu erwartenden Betrages bei Ihnen eingetroffen sein. Das ist der Moment, in dem Sie Bilanz ziehen und die Ergebnisse analysieren sollten.

Wichtig: Führen Sie Ihre Auswertungen immer zum gleichen Zeitpunkt nach dem Versanddatum durch, damit Sie später aussagekräftige Vergleiche aufstellen können.

Wie viel Sie mit einem Versand einnehmen, hängt von mehreren Faktoren ab.

Faktoren, die Sie beeinflussen können

Das Format des Umschlags, die Formulierung des Mailing-Textes, die Auswahl der angeschriebenen Adressen, das Versanddatum und Ähnliches sind Faktoren, die den Erfolg des Mailings bestimmen und die von Ihnen ausgewählt und festgelegt werden.

Faktoren außerhalb ihres Einflussbereiches

Einige Faktoren sind von Ihnen oder Ihrer Organisation nicht beeinflussbar und müssen hingenommen werden. Dazu zählt zum Beispiel eine Naturkatastrophe, der die Medien viel Aufmerksamkeit schenken und für deren Opfer landesweit gesammelt wird. Auch Streiks, extreme Wetterbedingungen oder der gleichzeitige Großversand eines Konkurrenten gehören dazu.

Gradmesser für Ihren Erfolg

Verschiedene Werte geben Auskunft über Erfolg und Misserfolg Ihres Mailings: die Durchschnitts-Spende, die Rücklauf- oder Antwortquote und die Einnahmen pro versandtem Mailing sowie die Kosten pro gespendetem EUR/SFr beziehungsweise pro neuem Spender.

Den durchschnittlichen Spenden-Betrag berechnen

Die Durchschnitts-Spende besagt, wie viel jeder Spender im Durchschnitt gespendet hat; sie ist einfach zu berechnen: Sie teilen die gesamten Einnahmen aus dem Versand durch die Anzahl der eingegangenen Spenden.

Beispiel:

Spenden-Einnahmen aus dem Versand	:	Anzahl der Spenden	=	Durchschnittlicher Spenden-Betrag
108 560,– EUR/SFr	:	5 598	=	19,39 EUR/SFr

Wenn also 108 560,– EUR/SFr von 5598 Spendern gezahlt wurden, beträgt Ihr durchschnittlicher Spenden-Betrag 19,39 EUR/SFr.

Je höher die Durchschnitts-Spende, umso erfolgreicher war Ihr Mailing.

Wichtig: Wenn Sie mit dem durchschnittlichen Spenden-Betrag Berechnungen für künftige Einnahmen aufstellen möchten, müssen Sie berücksichtigen, dass Sie bei einem Mailing eventuell einige wenige, außergewöhnlich hohe Spenden erhalten haben. Mit diesen können Sie beim nächsten Versand nicht wieder rechnen.

Beispiel:

Nachdem Sie Ihre Zahlungslisten durchgesehen haben, bestimmen Sie, dass Spenden ab 100,– EUR/SFr als hoch gelten. Diese Spenden müssen Sie extra aufführen. Erstellen Sie zwei Listen, eine mit allen Spenden ab 100,– EUR/SFr und eine ohne. Für jede Liste führen Sie die obige Berechnung durch.

Es gibt noch eine einfachere, schnellere, aber weniger exakte Art, eine realistische Durchschnitts-Spende zu berechnen. Ziehen Sie die drei höchsten Spenden von den Gesamteinnahmen ab und berechnen Sie die durchschnittliche Spende erneut:

Berechnungs-grundlage	:	Anzahl der Spenden	=	realistischer durchschnittlicher Spenden-Betrag

Gesamtes Spenden-Aufkommen	108 560,– EUR/SFr
– Höchste Spende	10 000,– EUR/SFr
– Zweithochste Spende	7 000,– EUR/SFr
– Dritthöchste Spende	5 000,– EUR/SFr
= Neue Berechnungs-grundlage	86 560,– EUR/SFr

Diese neu berechnete Zahl ist Ihre Berechnungsgrundlage der realistischen Durchschnitts-Spende. Teilen Sie diese Zahl durch die Anzahl der eingegangenen Spenden.

86 560,– EUR/SFr	:	5598	=	15,46 EUR/SFr

Berechnung verschiedener Rücklaufquoten

Eine Rücklauf- oder Responsequote gibt den prozentualen Anteil der von Ihnen verschickten Briefe an, der zu einer Spende geführt hat. Man berechnet diese Quote, indem man die Anzahl der Spenden durch die Anzahl der versandten Briefe teilt.

Beispiel:

Anzahl der Spenden	:	Anzahl der versandten Briefe	=	Rücklaufquote (in Prozent)
2211	:	100000	=	2,2

Wie viel Prozent Rücklauf dürfen Sie erwarten?

Rücklaufquoten bei kalten Mailings sind niedrig und werden stetig niedriger. Wer etwas vom Fach versteht und keine unrealistischen Aussagen macht, wird Ihnen bestätigen, dass Sie heutzutage zufrieden sein können, wenn Ihre Rücklaufquote zwischen 1 und 4 Prozent liegt. 2 Prozent Rücklauf sind für kalte, unqualifizierte Listen (also Haushaltsadressen) gar nicht so schlecht. Alles, was darüber liegt, ist als Erfolg zu werten. Nur ganz selten wird die magische Grenze von 4 Prozent Rücklauf überschritten.

Vor jedem Versand ist es nützlich, eine Tabelle mit pessimistischen und optimistischen Rücklauf-Berechnungen zu erstellen. Zusammen mit der Kostenberechnung kann aus dieser Tabelle der „break-even"-Punkt abgelesen werden, der Punkt, an dem man mit dem Mailing in die Gewinnzone eintritt.

Wenn Sie ein kaltes Mailing mit einer Auflage von 50000 Stück planen, sieht eine derartige Rechnung folgendermaßen aus (bei einem angenommenen Stückpreis von 1,– EUR/SFr einschließlich Porto):

Berechnung verschiedener Rücklaufquoten					
Rücklaufquote in Prozent	1,5	2	2,5	3	4
Anzahl der Spenden	750	1 000	1 250	1 500	2 000
Durchschnittlicher Spenden-Betrag in EUR/SFr	18,–	18,–	18,–	18,–	18,–
Einnahmen in EUR/SFr	13 500,–	18 000,–	22 500,–	27 000,–	36 000,–
Ausgaben in EUR/SFr	50 000,–	50 000,–	50 000,–	50 000,–	50 000,–
Gewinn in EUR/SFr	–36 500,–	–32 000,–	–27 500,–	–23 000,–	–14 000,–

Ausblick auf das Spendenjahr

Wenn ich die Zahlen des vorhergehenden Beispiels wieder aufnehme und damit eine Prognose für die Versand-Aktionen des nächsten Jahres anstelle, komme ich zu folgendem Ergebnis:

Versand-Aktionen im folgenden Jahr				
	Auflage	Durchschnittlicher Spenden-Betrag (in EUR/SFr)	Rücklaufquote	Einnahmen (in EUR/SFr)
1. Versand	2 000	30,–	25 Prozent	15 000,–
2. Versand	1 900	35,–	28 Prozent	18 620,–
3. Versand	1 750	38,–	30 Prozent	19 950,–

Wichtig: Die Auflage, also die Zahl der versandten Briefe, nimmt aus einer Vielzahl von Gründen ab: Spender wollen von Ihrer Liste gestrichen werden, ziehen um, sterben. Dagegen steigen der durchschnittliche Spenden-Betrag und der Rücklauf.

In der obigen Tabelle sehen Sie, dass Sie bereits im ersten Jahr – bei drei zusätzlichen Versand-Aktionen – die Verluste kompensieren können, die bei der Gewinnung neuer Spender mit einem kalten Mailing entstanden sind.

Bei einer gut geführten Datenbank ist zu erwarten, dass mindestens 60 Prozent der Spender im Lauf des Jahres auf das eine oder andere Ihrer Mailings reagieren.

Einnahmen pro versandtem Brief

Die Berechnung der Einnahmen pro versandtem Brief wird sowohl für Mailings aus der Stammdatei als auch für kalte Mailings aufgestellt. Für eine erste Berechnung ist hauptsächlich der Brutto-Ertrag, das heißt die Berechnung der Einnahmen aus dem Mailing von Interesse. Diese Berechnung ist sinnvoll, wenn Sie Tests auswerten und verschiedene Mailings miteinander vergleichen wollen.

Die Einnahmen pro versandtem Brief ergeben sich aus der Division der Einnahmen aus einem Mailing durch die Anzahl der versandten Briefe.

Beispiel für den Versand an kalte Adressen:

Bei einem Mailing an 10 000 kalte Adressen betrugen die Spenden-Einnahmen insgesamt 9720,– EUR/SFr.

Spenden-Einnahmen aus dem Versand	:	Anzahl der versandten Briefe	=	Einnahmen pro versandtem Brief
9 720,– EUR/SFr	:	10 000	=	0,97 EUR/SFr

Beispiel:

Beim einem Mailing an ebenfalls 10 000 Adressen, diesmal aber an bestehende Spender, wurden insgesamt 47 500,– EUR/SFr Spenden-Einnahmen erzielt.

Spenden-Einnahmen aus dem Versand	:	Anzahl der versandten Briefe	=	Einnahmen pro versandtem Brief
47 500,– EUR/SFr	:	10 000,–	=	4,75 EUR/SFr

Hinweis: Verluste bei kalten Mailings sind heute an der Tagesordnung. Der Erstversand oder weitere kalte Versand-Aktionen sind eine Investition in die Zukunft mit dem Ziel, eine Stammdatei anzulegen oder zu erweitern.

Die Mailing-Kosten

Es ist klar, dass bei der Mittelbeschaffung Einnahmen und Ausgaben in einem vernünftigen Verhältnis zueinander stehen müssen. Langfristig werden Sie nur eine Chance auf dem „Spenden-Markt" haben, wenn Ihre Spender sicher sein können, dass ein substanzieller Teil des gespendeten Geldes für die eigentliche Arbeit und nicht für die Gewinnung von Spenden ausgegeben wird.

Kosten niedrig zu halten, ist eine der schwierigsten Aufgaben des Fundraisers. Einer der Gründe dafür ist, dass sich die Technik schnell weiterentwickelt und sich somit auch die Kostenstruktur ständig ändert.

Die Postgebühren können ein weiterer Grund für sich relativ schnell verändernde Kosten pro gesammelter Spende sein. Wenn die Post das Porto erhöht, verändern sich Ihre Versandkosten, und Sie müssen Ihre Berechnungen überarbeiten.

Kosten pro gespendetem Euro/Franken

Die Kosten pro gespendetem Euro/Franken geben Ihnen einen Vergleichswert für das Verhältnis Ihrer Kosten zu Ihren Einnahmen. Sie lassen sich sehr einfach berechnen: Sie teilen die Kosten, die Ihnen für ein Mailing entstanden sind, durch die gesamten Spenden-Einnahmen aus diesem Mailing.

Kostenberechnung:

Gesamte Kosten des Mailings	:	Gesamte Spenden-Einnahmen des Mailings (EUR/SFr)	=	Kosten pro gespendetem EUR/SFr

Je niedriger die Kosten, desto höher das Netto-Ergebnis, desto größer der finanzielle Erfolg Ihres Mailings.

Kosten pro neuem Spender

Die Kosten pro neuem Spender sagen Ihnen, wie viel Ihre Organisation für die Gewinnung eines neuen Spenders bezahlt. Sie sind ebenfalls leicht zu berechnen, indem Sie die für ein kaltes Mailing angefallenen Gesamtkosten durch die Anzahl der neu gewonnenen Spender teilen.

Gesamte Kosten des Mailings (EUR/SFr)	:	Anzahl der neu gewonnenen Spender	=	Kosten pro neuem Spender (EUR/SFr)

Hinweis: Bei der Gewinnung neuer Spender sollten nicht die Kosten im Vordergrund der Erfolgsbeurteilung stehen. Anzahl und Qualität der neuen Spender sind wichtiger.

Prognose des Langzeitwertes eines Spenders

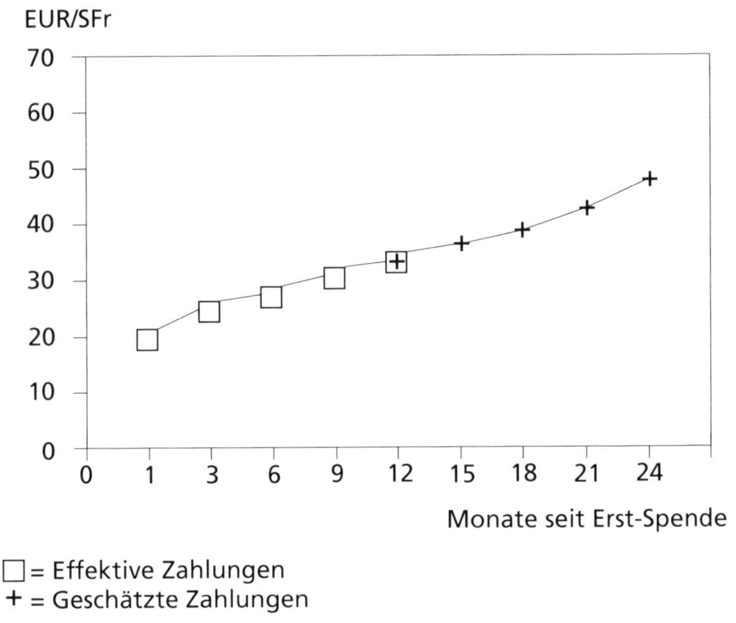

Nachstehend noch einige Punkte, die Sie bei der Interpretation dieser Grafik berücksichtigen sollten:

Wenn der Langzeitwert des Spenders niedrig ist, können Sie folgende Maßnahmen ergreifen:

- Zusätzliche Versand-Aktionen: Oft ist ein zusätzlicher Versand an ausgewählte Spender-Kategorien eine zusätzliche Einnahmequelle.
- Gelingt es, einige Spender zu regelmäßigen, monatlichen Spenden zu animieren, erhöht sich der Gruppenwert beträchtlich.
- Bei vielen Organisationen ist die Erst-Spende ein guter Hinweis darauf, was der Spender langfristig „wert" ist: je höher die erste Spende, desto größer der Langzeitwert.

Wenn Sie diese Erkenntnis für die Planung einsetzen, kommen Sie vielleicht zum Schluss, dass gewisse Adresslisten Spender mit höheren Erst-Spenden erzielen. Daher kann man auch mehr ausgeben, um diese Listen einzusetzen.

Aufwandberechnung je Neu-Spender

1. Berechnen Sie das langfristige Ausgaben-Einnahmen-Verhältnis für eine Gruppe von Spendern.
   Ein Richtwert gibt beispielsweise an, dass diese Kosten bei etwa 25 Prozent liegen.
2. Multipilizieren Sie diesen Wert mit dem Langzeitwert Ihres Spenders.
   Wenn zum Beispiel der Langzeitwert 100,– EUR/SFr und das Ausgaben-Einnahmen-Verhältnis 25 Prozent beträgt, so liegt der errechnete Wert bei 0,25 x 100,– EUR/SFr = 25,– EUR/SFr. Dies ist Ihr erster Wert.
3. Stellen Sie jetzt fest, wie viel es kostet, diesen Spender während seiner „Lebensdauer" mit Spenden-Appellen zu bedienen (zum Beispiel 8 Mailings pro Jahr zu je 2,– EUR/SFr = 16,– EUR/SFr).
4. Ziehen Sie die unter 3. erzielte Summe von den 25,– EUR/SFr ab und Sie haben die Summe, die Sie ausgeben dürfen, um einen Neu-Spender zu werben. In diesem Fall 9,– EUR/SFr.

Dieses Zahlenbeispiel soll Ihnen helfen, Risiken und Kosten von Direct Mail-Aktionen abzuschätzen. Es sind keine festen Werte.

Der Langzeitwert Ihres Spenders ist von nicht zu unterschätzender Bedeutung für Ihre Organisation; er ist jedoch immer nur eine Momentaufnahme – Sie können viel unternehmen, um ihn zu verbessern!

Die Zukunft des Fundraisings

Heute gibt es einerseits große Non-Profit-Organisationen, die möglichst viel Arbeit im eigenen Hause mit festen Mitarbeitern erledigen. Nur von Zeit zu Zeit kaufen sie spezielles Know-how und Kreativität ein. Andererseits gibt es Organisationen gleicher Größe, die mit einem minimalen Mitarbeiterstab arbeiten und einen großen Teil der Arbeit auslagern, praktisch alles extern einkaufen.

Kleinere Organisationen haben diese Entscheidungsfreiheit häufig nicht. Sie können sich weder hoch qualifizierte Mitarbeiter leisten noch Mitarbeiter laufend weiterbilden, um Schritt zu halten mit der sich immer schneller wandelnden Technologie. Auch für sie muss die Entscheidung heißen: Outsourcing.

Fundraising wird zudem von spezialisierten Agenturen und Einzelfirmen angeboten, die Ideen liefern und je nach Wunsch die praktische Durchführung an andere Firmen vergeben; mit einzelnen Aufgaben können auch Druckereien, Lettershops, Datenzentren und Werbeagenturen beauftragt werden.

Meine drei Thesen für die Zukunft

1. Für kleine und große Hilfswerke gibt es eine Vielzahl von Agenturen, die ihr spezialisiertes Know-how anbieten. Diese Agenturen sind auf einen oder nur wenige Sektoren des gesamten Aufgabengebiets spezialisiert oder ziehen bei Bedarf Spezialisten hinzu.
2. Die Honorare für qualifizierte Spezialisten werden so hoch sein, dass kleinere Organisationen sich diese nur in einem zeitlich befristeten Rahmen leisten können. In dieser kurzen Zeit werden sie fertige Lösungen erhalten, die sie dann selbst in ihrer Organisation umsetzen müssen.
3. Moderne Kommunikationsmittel erlauben uns, mit Mitarbeitern überall jederzeit zu kommunizieren und uns Informationen dort zu holen, wo wir sie am besten oder günstigsten erhalten können.

Schlussfolgerung

Direct Mail-Aktionen werden im Fundraising weiterhin eine wichtige Rolle spielen, aber nur dann ertragreich sein, wenn sie mit anderen Aktivitäten und Methoden kombiniert werden.

Zunehmend wichtig wird die permanente Einbindung der Spender durch Lastschriftverfahren, Patenschaften, Groß-Spender-Programme und Legate.

Fachbegriffe

Adressabgleich

Vergleich verschiedener Adressdateien oder Adresslisten auf identische Adressen

Adressbroker

Ein Adressbroker handelt mit Adressen. Er bietet verschiedene Adresslisten aus verschiedenen Quellen an.

Antwort-Beschleuniger

Vorgabe eines Datums in einem Spenden-Appell, bis zu dem die Spende eintreffen muss. Oft erfolgreich, aber ein zweischneidiges Schwert, da die Spenden nach dem vorgegebenen Datum schlagartig zurückgehen.

Back-end premiums

Geschenke, die einem potenziellen Kunden/Spender für den Fall versprochen werden, dass er spendet. Sie werden erst nach Eintreffen der Spende versandt.

Flattersatz

Ein Text, der linksbündig, aber rechts unregelmäßig auslaufend ist. Er sollte in Spenden-Appellen verwendet werden, weil er eher den Eindruck eines persönlichen Briefes vermittelt.

Fokus-Gruppe

Ausgewählte Spender, die zu einer Diskussionsrunde geladen werden; bringt subjektive, spontane Information über Ihre Spender oder Nicht-Spender.

Front-end premiums

Sofortgeschenke, die einem Spenden-Aufruf beiliegen. Jeder Empfänger erhält sie, unabhängig davon, ob er zahlt oder nicht.

Hausliste

Adressliste der vorhandenen eigenen Spender, d. h. der Menschen, die bereits einmal gespendet haben. Sie wird in diesem Buch auch als Stammdatei bezeichnet.

High Donor

Spender, der größere Beträge gibt, „Hoch-Spender"

Kaltes Mailing

Brief an Menschen, die noch nicht Kunden/Spender karitativer Organisationen sind, sie vielleicht noch gar nicht kennen.

Legatprogramm

Der gezielte Versuch, Menschen dazu zu bewegen, einer Organisation im Testament einen Betrag zu vererben.

Lettershop

Unternehmen, das nach dem Drucker das Versandfertigmachen übernimmt, zum Beispiel Broschüren mit Aufklebern versehen, Gewinne versenden, Rücksendungen auswerten, Schneiden, Falzen, Zusammentragen, Kuvertieren, Postfertigmachen, Postaufgabe

Major Donor

Super Spender, der häufig oder große Beträge spendet.

Mutationslauf

Verarbeitung und Integration von zusätzlichen Daten in eine Stammdatei, zum Beispiel neue Zahlungen, Adressänderungen, Löschungen

Non-Profit-Organisation

Eine Organisation, die – im Gegensatz zur Profit-Organisation – nicht auf die Erwirtschaftung von Gewinn abzielt, sondern bestimmte Menschen, Projekte, Ziele mittels Spenden-Einnahmen unterstützt. In diesem Buch wird zumeist nur von „Organisation" gesprochen.

Roll-out

Aussenden von Mailings in großen Mengen

Sozio-Demographie

Statistisch aufbereitete, charakteristische Merkmale von Bevölkerungsgruppen und gesellschaftlichen Zusammenhängen, zum Beispiel Aufgliederung einer Spender-Gruppe nach Alter, Beruf, Wohnort

Spenden-Leiter

Zeigt den Weg eines neuen Spenders bis zum Groß-Spender. Je höher ein Spender auf der Leiter angesiedelt ist, desto wichtiger ist er für Ihre Organisation.

UGP (= Unique Giving Proposition)

Für was spendet der Mensch bei Ihrer und nur Ihrer Organisation? Was macht Sie einzigartig? Die Formulierung der UGP ist wichtig, um die Ziele und Aufgaben Ihrer Position klar kommunizieren zu können.

Upgrading

Schritt in die nächsthöhere Spenden-Kategorie, das heißt das Spenden eines höheren Betrages

Zufallsauslese

Wichtig für das Testen. Damit keine verfälschten Resultate entstehen, müssen Sie die Adressen nach dem Zufallsprinzip auswählen.

Literaturhinweise

Böttcher, Jens-Uwe: Sponsoring und Fundraising für die Schule. Ein Leitfaden zur alternativen Mittelbeschaffung. Neuwied/Kriftel 1999.

Bruhn, Manfred: Marketing für Nonprofit-Organisationen. Grundlagen – Konzepte – Instrumente. Stuttgart 2005.

Crole, Barbara/Fine, Christiane/Jud, Daniel: Erfolgreiches Fundraising – auch für kleine Organisationen. Zürich 2003.

Fabisch, Nicole: Fundraising. Spenden, Sponsoring und mehr... München 2006.

Fischer, Kai/Hohn, Bettina/Kreuzer, Thomas (Hrsg.): Fundraising Praxis – aus erfolgreichen Beispielen lernen. Norderstedt 2005.

Fischer, Kai/Neumann, Andre: Multi-Channel-Fundraising. Clever kommunizieren, mehr Spender gewinnen. Wiesbaden 2003.

Fundraising-Akademie (Hrsg): Fundraising. Handbuch für Grundlagen, Strategien und Methoden. Wiesbaden 2006.

Gehrmann, Gerd/Müller, Klaus D.: Management in sozialen Organisationen. Handbuch für die Praxis Sozialer Arbeit. Regensburg/Berlin 2006.

Scheibe-Jaeger, Angela: Modernes Sozialmarketing. Praxis-Handbuch für Non-Profit-Organisationen. Das Instrumentarium des Marketing-Mix. Überleben durch professionelles Handeln. Regensburg/Berlin 2002.

Schwarz, Peter/ Purtschert, Robert/ Giroud, Charles: Das Freiburger Management-Modell für Nonprofit-Organisationen. Bern 2005.

Unterweger, Josef: Der Fundraising-Vertrag. Rechtspraxis – Vertragsmuster. Münster 2005.

Urselmann, Michael: Fundraising. Erfolgreiche Strategien führender Nonprofit Organisationen. Bern 2002.

Die Autoren

Barbara Crole

Barbara Crole hat langjährige Erfahrung in der Beratung gemeinnütziger Organisationen. Sie ist Dozentin für Fundraising an zwei Fachhochschulen und spricht regelmäßig auf nationalen und internationalen Tagungen. Ihr Fachgebiet ist die Konzeption, Durchführung und Begleitung von Direct Mail-Kampagnen.

Margrit Baumer Leuenberger

Fundraiserin BR, war sechs Jahre als Marketingleiterin beim Fastenopfer, Luzern, und vier Jahre beim WWF Schweiz als Director Public Marketing tätig. Heute arbeitet sie als selbständige Fundraising-Beraterin.

Marcel Gantenbein

Leiter der Firma Schweizerischer Spendenhilfsdienst, spezialisiert auf Telefon-Fundraising und Seminare zum besseren Telefonieren im Non-Profit Bereich.

Baldwin Bakker

Geschäftsführer Fundraising der Corris AG, spezialisiert auf Direct Dialog- und Call Center-Fundraising (Neuspendergewinnung am Infostand und Spenderbetreuung am Telefon).

Findex

Abonnement 87
Adressanalyse 96
Adressbroker 31
Adresse 134
Adressen 29, 70, 71, 78
Adresslisten 31, 35
Adressverlage 21
Adressverwaltung 133
Akquisition 105
Anschreiben 48, 49, 51, 72, 73, 74
– formale Kriterien 51
Anschreiben, persönliches 76
Auflage 64
Auswertung 128, 139, 142
Automatische Abbuchung 91

back end premiums 93
Beispiel-Test 75
Berater 20
Beschwerden 132, 141
Besuche, persönliche 98
Betreuung 92, 96, 100, 108, 128, 136
Brieflänge 51

Dankschreiben 84
Datenverwaltung 127
Direct Dialog 120, 123
Direct Mail 10
Druck ausüben 115
Durchschnitts-Spende 142

Einflussfaktoren 142
Einnahmen 146
Erfahrungen 68
Erfahrungsaustausch 13
Erfolgsstrategien 11
Erwartungen, unrealistische 140
Erwartungshaltung 108
Eyecatcher 123

Falzarten 67
Feedback 141
Fluktuation 141
Fokus-Gruppen 37
Format 72
Fotos 51, 53
Fragebogen 85
Fragebogen-Aktion 38
Fragen 132
front end premiums 93
Fundraiser, selbständige 21
Fundraiser-Treffen 13
Fundraising 10

Geldbeträge 49
Geschenke 71, 92, 93
– Sofortgeschenke 93
– versprochene 93
Gespräch, persönliches 120
Gönner-Pyramide 101
Großgönner 101, 106, 108
Großgönner-Programm 105, 108
Gruppenbefragungen 37

Hausbesuche 98
Hoch-Spender 96, 100

Informationen 86
Informationsstand 120, 123, 126
Infrastruktur 107
Investitionsphase 78

Kampagnen 106, 114, 121
Kennenlernen der Spender 97
Kennzahlen 128, 142
Konkurrenz-Analyse 12
Kontaktaufbau 106
Kontrolladressen 31
Kosten 116, 147
Kostenplanung 64, 65
Kultur 13

Langzeitwert eines Spenders 149
Lastschriften 90
Lastschriftverfahren 124
Legatprogramm 87
Lösungsvorschläge 133

Mailing-Kontrolle 140
Mailing-Kosten 147
Marketing 15
Marktforschung 36
Massen-Mailings 47
Material 126
Materialeinkauf 65
Medien 127
Motive 28
Motto 42

Nachbearbeitung 116
Neu-Spender 95, 120, 126

Papierformate 66
Personalentwicklung 124
Persönliche Interviews 38
Planung 78
Portokosten 64
Postskriptum 50
Probleme 131, 133
Prognose 145
Projekt 99
Prospekt 52
Prospektgestaltung 53

Reaktionen 141
Reaktivierungskarte 136
Reaktivierungsmaßnahmen 138
Realisierungsrate 128
Referenzen 21
Rücklauf 94, 141, 142, 144
Rundbrief 86

Schriftbild 50
Schulung 125
Slogans 42
Social entrepreneur 28
Sozio-demographische Merkmale des Spenders 30
Spenden 79
- Bestätigungs-Spende 79
- Hoch-Spende 79
- Mehrjährige Spende 79
- Neu-Spende 79
- Regelmäßige, höhere Spende 79
- Wiederholungs-Spende 79

Spenden-Aufforderung 46
Spenden-Betrag 91, 142
Spenden-Höhe 71, 72
Spenden-Leiter 78
Spender, regelmäßiger 90, 92
Spender-Bindung 84, 86, 136
Spender-Profil 34
Spender-Pyramide 81
Spender-Schwund 136
Spender-Zeitschrift 86
Standplatzplanung 125

Telefon-Fundraising 112, 114
Telefon-Marketing, professionelles 113
Telefonaktionen 116
Telefonbefragung 37
Telefonnummer 86
Test 70
Testament 80
Testergebnisse 71
Thema 123
Türöffner 104

Umschlag 46, 70, 72
Umschlaggestaltung 47
Unterschrift 50, 52, 72

Veranstaltungen 97
Verlust 109
Versandvorschriften 64
Vorbereitung eines Mailings 42

Werbeagenturen 21

Zahlschein 45
Zeitaufwand für den Mailing-Entwurf 44
Zeitpunkt des Versands 72
Zielgruppe 42, 52, 123
Zielgruppenbestimmung 42